——新课程背景下教师必备基本

U0571036

教师的评价艺术

教育评价基本理论
教师评价艺术概述
教师评价学生的艺术
教师自我反思的艺术
教师评价同行的艺术

郭蕊　牛多来◎编著

JIAOSHIDE
PINGJIAYISHU

吉林文史出版社

图书在版编目(CIP)数据

教师的评价艺术 / 郭蕊,牛多来编著 . ——长春:
吉林文史出版社, 2012. 11(2021.6重印)
(新课程背景下教师必备基本功系列)
ISBN 978 - 7 - 5472 - 1285 - 1

Ⅰ . ①教… Ⅱ . ①郭… ②牛… Ⅲ . ①中小学 - 教学
研究 Ⅳ . ①G632.0

中国版本图书馆 CIP 数据核字(2012)第 263566 号

新课程背景下教师必备基本功系列

教师的评价艺术

JIAOSHI DE PINGJIAYISHU

编著/郭蕊　牛多来
责任编辑/高冰若
封面设计/小徐书装
出版发行/吉林文史出版社
地址/长春市福祉大路5788号
邮编/130118
网址/www. jlws. com. cn
印刷/三河市燕春印务有限公司
开本/710mm×1000mm　1/16
印张/14　字数/150千字
版次/2013 年 1 月第 1 版　2021年 6 月第 3 次印刷
书号/ISBN 978 - 7 - 5472 - 1285 - 1
定价/39.80 元

前　言

教育评价在教育领域中占有重要的地位，评价结果为教育方针政策的制定提供依据，为教育教学的改进与发展指明方向。教师作为教育领域中的重要角色，参与着不同类型和不同性质的评价活动，包括学校评价、校长评价、教师评价、学生评价以及自我评价等。在评价的过程中，教师如何发挥最大的效能，使评价方法最优、评价效果最大限度地提升，是本书关注的重点。而评价艺术是教师应掌握的一项重要的技能技巧。灵活应用评价的方法能为教师提高评价水平，客观、公正、科学地实施评价活动提供保障，对整体教育改革与发展、学校的发展、教师自身的发展和教育质量的提高都有明显的促进作用。

教师是教育评价活动的主要实施者。教师参与评价学校或校长有助于学校的改进和校长水平的提高；教师参与评价管理人员有助于管理者改进管理方法和提高管理水平；教师参与评价同行教师有助于教师之间建立同行协作关系，相互取优补拙；教师参与评价学生有助于及时肯定学生的成绩，并指出其不足以求改进；教师进行自评有助于正确地认识自己，不断改进和提高。本书将教师实施评价的对象分为三种，即学生、教师本人和同行，这里的同行包括同行教师、校长以及学校管理人员。由于教师对管理人员的评价多以简单的问卷形式进行，这里不作为阐述的内容。本书在对教师评价艺术的方法进行介绍时分为三个部分：第一部分是本书的第三章，主要介绍教师评价学生的艺术，包括纸笔测验法、表现性评价、语言激励法、成长记录法、增值评价法和 THS 合作策略六种评价途径和方法；第二部分是本书的第四章，主要介绍教师自我反思的艺术，包括教师反思日记、教育叙述性反思、教育案例反思法等多种反思方法的应用；第三部分是本书的第五章，主要介绍教师同行评价的艺术，包括教师同行评教和教师评价校长两方面内容。

本书结合中小学教师的实际，立足于评价途径与方法的应用，在进行理论阐述和方法介绍的同时，加入了实用的案例，注重理论与实践的联系，便于广大中小学教师学习和操作。

本书的整体构思和策划由郭蕊负责，其中第一、二、三、五章的编写及全书的统稿工作由郭蕊负责，牛多来负责编写本书的第四章，并参与了第二章的部分编写。

本书在编写过程中得到了长春师范学院教科院各位领导的支持，并得到了多位专家的指导和帮助。另外，本书在编写过程中参考了多位作者的论文和著作，在此一并对他们表示衷心的感谢。

限于我们的学识能力和经验精力，本书不免存在着错误和不妥之处，恳请相关专家和广大读者给予批评指正。

郭 蕊

2012 年 8 月

目 录
contents

第一章 教育评价基本理论

教育评价是教育行政部门对学校的工作进行监督、管理和指导的重要工具，也是学校、教师及学生进行自我反思、自我改进的有效途径。教育评价的有效实施，对于学校提高办学效益，教师提高教学质量，学生提高学习水平有重要的意义。

第一节 教育评价的概念

一、教育评价的基本概念

（一）评价与教育评价

"评"意为评定、判断，"价"意为价值。评价，从字面上可以理解为评定价值的活动。这一活动的过程需要参与者，即评价主体和评价客体（对象）。有效的"评价"是指主体按照一定的标准对客体的价值进行判断的过程。[1] 评价最早应用到教育领域可以追溯到中国古代的科举考试制度。而教育评价作为一个概念是由美国的教育家泰勒提出的，他认为现代教育评价指的是一种过程，用来发现学生学了什么及其所具有的价值。

教育评价的内涵包括四个方面：第一，评价目的。教育评价的最终目的是使评价对象认识不足并不断自我完善，同时为教育决策的制定提供科学的依据；第二，评价标准。教育评价活动的进行要依据一定的价值判断标准，如教育目标或

---

[1] 王景英. 教育评价理论与实践 [M]. 长春：东北师范大学出版社，2002.

教育价值观等；第三，评价内容。教育评价的内容包括教育活动、教育过程和教育结果；第四，评价方法。教育评价的过程要运用科学可行的方法，通过系统地搜集评价信息并分析整理，对被评者做出价值判断。总之，教育评价就是指根据一定的教育价值观或教育目标，运用可行的科学手段，通过系统地搜集信息资料和分析整理，对教育活动、教育过程和教育结果进行价值判断，从而使评价对象不断自我完善和为教育决策提供依据的过程。[1]教育评价是一个过程，一个发现问题、解决问题的过程，一个不断改进、不断提高的过程。

（二）教育评价主体与评价对象

教育评价主体可以是他人，称之为他评，也可以是自己，称之为自评。在教育领域里，参与教育评价的主体可以是教育行政督导、评估专家、校长、教育管理人员、教师、学生、家长、相关社会人士等，即所有参与教学及评估或者与教育相关的一系列人都可以作为评价主体。教育行政督导和评估专家通常参与一所学校的教学质量整体评估或者评价某所学校的校长的任职资格；校长一般参与评价其所管辖学校的下属员工，如教育管理人员和教师以及校长本人；教育管理人员一般参与评价教师的课堂教学；教师参与评价校长、管理人员、教师同行、学生以及教师本人；家长和社会人士通常可以对学校或教师的教学效果提出有效建议。

教育评价对象包括学校、校长、管理者、教师、学生以及与他们相关联的一系列教育活动或现象，如学校的教育方针、教育目标、领导体制、管理制度等；校长及管理者所在学校的整体状况、社会声誉、规模、设施、环境等；教师职责范围内所进行的教育活动、教学计划、教学内容、教学手段、方法等；学生的学习发展过程、能力的提升、情感的发展、成绩、成就等。评价校长，即评价校长的个体素养及他所管辖的学校的效能效果。评价教师，即评价教师的自身素养及

---

[1] 陶西平主编.教育评价辞典[M].北京：北京师范大学出版社，1998：49.

他所讲授课程的效能效果。评价学生，即评价学生的个体情感、智力、价值观等方面发展的效能效果。因此，评价教育活动过程中的某一角色时，不能单单评价其个体的固有素质和能力，还要关注他职责范围内的教育活动或现象因其得到的发展和提升的价值。本书主要研究教师作为评价主体时，在评价学生、评价自己及同行时的艺术。

（三）教育评价标准

教育评价标准是指对教育的价值做出判断所参照的准则和依据。教育评价标准的确定是教育评价活动的首要环节，没有了标准就无法进行评价活动。教育评价标准规定了评价对象的发展水平达到什么程度是符合要求的或是优秀的，一般与具体的评价指标项目相对应，有的也包括评定结果的等级分配等。

1. 教育评价标准的结构

无论评价对象是人，还是组织机构或具体的教育活动，教育评价的标准都可以从三个方面来确定，即条件标准、过程标准和效能标准。

条件标准是指为判断评价对象本身所具备的基础条件而制定的评价标准。如教师的思想政治素养、学科专业素养、教学基本功等，学校的基础设施、师资队伍等。这些基础条件将成为承担或完成各项教育工作任务的前提保障，条件标准的合理限定将成为评价对象不断提高自身素质的激励因素。

过程标准是指为判断评价对象的工作状态或运营情况而制定的评价标准。如学校的总体工作状况、财务管理情况、教师的备课情况、课堂教学水平等。过程标准的确定可以规范评价对象的工作职责，使评价对象能够按部就班地完成各项教育工作任务。

效能标准是指为判断评价对象所取得的工作效果、效率而制定的评价标准。如教师的教学效果、科研成果、学生的能力水平等。效能标准是从教育工作结果的角度来规定评价对象的标准要求，一般以教育目标为依据，促进评价对象朝着既定的目标标准发展。

2. 教育评价标准的特点

首先，教育评价标准应具有科学性。教育评价标准的确定应符合教育的客观发展规律和评价对象自身的心理发展状态，科学客观地反映教育目标的要求。

其次，教育评价标准应具有先进性。教育评价标准的确定应反映先进的教育方针、政策法规，反映先进的教育思想，反映先进的社会和教育发展需求。

再次，教育评价标准应具有独特性。教育评价标准的确定应符合评价对象的实际情况，如不同年龄段或不同层次的评价对象应选用不同的评价标准进行衡量。

最后，教育评价标准应具有可接受性。教育评价标准的确定应适度，使评价对象经过自己的努力能够达到标准的要求。

二、几个相关的概念

教育领域中，评价与评估、测量、督导在含义上和实际应用中都存在着细微的差别。

（一）教育评估

教育评估是指根据一定的教育目的和教育目标，建立科学的指标体系，通过系统地收集资料和定性、定量分析，对教育系统或子系统的工作状态和功效作价值判断，为科学决策提供信息与论证的过程。[1]"教育评估"一词最早出现在美国，1963 年一次大规模的国家级评估展开了对全美教育发展境况的评价和估计，从规模上和组织形式上都与以往的小范围的侧重于学生学习特征的教育评价有明显的不同。此后，教育评估在世界范围内得到了推广和普及。我国加入了国际教育评估协会，建立了教育督导制，使教育评估工作不断发展和完善。教育评估是提高

---

[1] 谢新观主编．远距离开放教育词典 [M]．北京：中央广播电视大学出版社，1999：323-324.

教育管理的科学性和规范性的有效手段，一般由国家或省部级单位组织，以宏观教育领域为主要研究对象，如国内时下比较流行的"本科教学评估"和"学科评估"等，规模较大，涉及全国的教育发展与改革方向。

（二）教育测量

教育测量最初的奠基人是英国的菲奢。他在1864年首次编制了学生成绩量表，从而使教育测量问世。1897年，莱斯进行了拼字测验，从而使教育测量引起了人们的普遍关注。而1904年桑代克发表的《心理与社会测验导论》一书，则标志着教育测量学的真正诞生。自从那时起，教育测量作为一种可行性工具在鉴别智愚，选拔人才，指导就业，预测、评价学生学业成就等方面得到了广泛的应用。

教育测量是指为评价教育工作的成效或评价某种教育措施的实际效果而进行的定量分析。它借助于测量工具对教育评价的对象给予数量的描述，是现代教育评价方法技术的基础之一。[1]教育测量是以教育统计学和心理学为基础，论述各类心理与教育测验的一般原则及记分、解释的标准化方法。它通过量表或常模等测量手段获得教育过程中各种信息，客观地、正确地将学生达到教育目标的程度加以数量化，从而能够比较真实地反映出教育水平。它一般以效度、信度、难度、区别度作为衡量的指标。[2]测量工具主要是教育测验或量表，包括标准化测验、教师自编测验、论文或考试、自我评定、问卷、评定量表等。[3]与物质测量不同，教育测量基本上是间接性测量。比如，测验并不是直接去测量人脑中的知识和技能，而是通过考生对某份试卷的回答情况，对学生所具有的知识和技能进行评估或推论。教育测量主要包括对人的知识、技能、性格、兴趣、态度、品德、能力倾向等进行科学的测定

[1] 陶西平主编. 教育评价辞典[M]. 北京：北京师范大学出版社，1998：49.

[2] 李忠尚主编. 软科学大辞典[M]. 沈阳：辽宁人民出版社，1989：715-716.

[3] 中国小学教学百科全书总编辑委员会教育卷编辑委员会编，李春生主编. 中国小学教学百科全书·教育卷[M]. 沈阳：沈阳出版社，1993：141-142.

和评价。教育测量的方法有多种，主要有调查法、观察法和测验法。[1]

（三）教育督导

督导，有监督指导的含义。教育督导是指行使督导职权的机构和人员受本级政府或同级教育行政部门的委托，依据国家有关教育的方针、政策和法规，对下级人民政府的教育工作、下级教育行政部门和各级各类学校的工作进行监督、检查、评估和指导，以保证国家有关教育的方针、政策、法规的贯彻执行和教育目标的实现。

教育督导主要由人民政府教育督导机构组织实施，由专职或兼职的督学负责开展督导工作，督导的主要范围包括义务教育、普通高级中等教育和中等职业教育，是一种自上而下的监督、指导、评估、反馈。教育督导工作的主要内容包括：教育法律、法规、规章的执行情况；国家教育方针和素质教育的贯彻实施情况；义务教育普及水平和均衡发展状况；普通高级中等教育、中等职业教育等各类教育协调发展情况；学校教育教学管理、教育教学秩序、安全管理制度建设和执行情况；教育经费投入情况和使用效果；学校办学标准的执行情况；学校教育教学水平、质量情况；学校教学和生活设施、设备配备和使用情况；教师、校长队伍建设及条件保障情况；本级人民政府或者上级教育督导机构要求开展的有关教育督导工作。教育督导不仅仅是教育评价，还有监督和指导的功能，对于督导机构提出的反馈意见和建议，被督导单位必须接受并采取相应的整改措施。

第二节　教育评价的目的与功能

一、教育评价的目的

教育评价的目的是指教育评价主体在实施教育评价之前预先设想的评价目标

---

[1] 林崇德主编．中国中学教学百科全书·教育卷[M].沈阳：沈阳出版社，1990：13.

和结果，它是教育评价工作开展的根本依据，也是评价过程和结果处理的具体导向。教育评价的目的是教育评价活动的出发点和理想归宿。由于评价的过程受到很多因素的影响，评价的最终结果可能达到了预期的目的，也可能达不到目的，这取决于评价目的的设定是否恰当以及评价活动的具体实施。教育评价的目的是多方面的，可概括为：

第一，对教育行政部门而言，评价的目的是为了诊断和监控教育的全过程，为教育改革和发展等重要决策的制定提供依据。

第二，对学校而言，评价的目的是为了诊断和监控教育的具体执行，改进教育及教育管理工作，提高学校总体效能。

第三，对教师而言，评价的目的是了解学生的学习状况，有效地进行个别指导；了解自己的教学实际，改进教学计划和方法，提高教学水平和教育质量。

第四，对学生而言，评价的目的是了解自身的发展状态，发现个体成长过程中存在的问题和不足，积极改进学习，提高学生的学习水平和质量。

第五，对社会而言，评价的目的是了解教育工作状况，使教育活动获得更多的来自社会和家长的关心和协助。

二、教育评价的功能

教育评价的功能是指教育评价本身具有的对教育产生的有利的作用和功效，它需要借助一定的教育外部环境和条件，通过教育评价活动与结果作用于评价对象而体现出来。随着教育评价的不断改革与发展，教育评价的功能也不断地扩展。这里我们主要介绍教育评价的导向功能、鉴定功能、诊断功能、改进功能、监控功能和激励功能。

（一）导向功能

教育评价的导向功能是指教育评价能够引导评价对象按照评价标准的要求，

努力实现既定的目标。教育评价的目标和标准决定了评价对象的工作目标和努力方向。为了得到好的评价结果，评价对象常常会根据评价的内容和标准调整自己的工作重点和行为表现。因此，教育评价的内容及其标准的制定一定要客观全面，符合国家教育方针的指导思想，符合教育发展的规律性，引导各项教育活动朝着正确的方向发展。例如，中小学普遍存在着重视教育结果而实施应试教育的倾向，轻视教育过程和对学生素质的培养，我们可以通过加大教学过程和对学生素质的考查权重来克服这种倾向。

（二）鉴定功能

教育评价的鉴定功能是教育评价的最基本功能，是其他功能实现的基础。鉴定功能是指教育评价能够对评价对象进行水平的判定、优劣的分化或资格的认证等。水平的判定是指通过评价判定评价对象达到标准要求的程度，如学生的综合鉴定、教师的教学水平鉴定、学校的管理水平鉴定等。优劣的分化是指通过评价对评价对象进行比较，做出等级的区分和名次的排序等，如评优、评职等。资格的认证是指通过评价对评价对象获得某项资格的鉴定，如会考、毕业考试、教师资格考试等。在目前中小学的学生评价中，我们通常不建议使用鉴定功能进行比较和排名，改革实行"等级＋特长＋评语"的评价制度，避免因评价带给学生的消极影响。

（三）诊断功能

教育评价的诊断功能是指教育评价能够了解教育活动的实际发展状态，及时发现问题，判断出利于或不利于教育活动进行的关键性因素。诊断功能的有效实现有利于进一步发挥教育评价的改进功能。教育评价能够科学地诊断出教育活动过程中哪些环节做得好，加以保持和提高，同时也能指出哪些地方存在着问题，及时将信息反馈给评价对象，为他们分析问题原因并解决问题提供重要依据。教育评价的诊断功能对教育质量的提高起到了重要的作用，就如同中医中的诊脉一样，只有经过缜密的诊断才能"对症下药"，"药到病除"。

（四）改进功能

教育评价的改进功能是指教育评价能够帮助评价对象不断改进和完善教育活动，不断进步和提高。改进功能是教育评价的主要功能之一，伴随在评价的实施和反馈过程中。教育过程是一个动态的过程，需要不断地改进和完善才能保证和提高教育质量。改进功能的实现取决于多方面因素的影响，首先，评价对象积极的参与能够使教育评价更顺利地进行，增加评价结果的客观性和有效性，使评价对象及时有效地针对工作中的不足加以改进。其次，评价者与评价对象之间建立良好的沟通能够使评价双方更快地互相认可，增强反馈结果的执行力，最终使工作得到改善。

（五）监控功能

教育评价的监控功能是指教育评价能够对教育工作实现监督和控制的作用。教育评价作为教育管理的重要手段，是上级教育管理部门实现对下级教育部门及学校进行宏观管理的有效方式。教育管理者可以通过评价，检查、督促和调控教育系统中的各个环节和各个组成部分，使评价对象明确努力的方向和途径，不断朝着评价目标前进。除此之外，教育评价也给社会了解教育的发展创造了机会，使其参与监督教育政策的执行和教育目标的实现。教育评价监控功能的发挥是建立在一系列严密操作程序基础上的，要求我们必须有组织地、有计划地、连续地、系统地搜集信息，分析信息，利用信息。同时，教育评价应成为教育管理的一项常规性的活动。

（六）激励功能

教育评价的激励功能是指教育评价能够激发评价对象的内在潜力，调动其工作的积极主动性。合理恰当的评价能够使受评者认可，起到激励的作用。任何组织或个人都希望获得好的评价，从而实现自身的价值。考虑到评价对象的心理需要，在肯定其成绩的同时委婉地提出意见和建议，激励评价对象在优势上再接再厉，在劣势上不断努力。激励功能的实现，首先要求评价标准的确定要适当，应控制在大多数评价对象经过努力能够达到的水平，使评价对象容易接受；其次，要求评价者认真组织评价活动，使评价结果做到公平公正、科学客观，这样才能真正起到激励作用；最后，评价对象应得到尊重，积极参与评价过程，充分利用自我评价和自我激励。自我激励是最有效的激励。

以上功能都是教育评价在理想状态下发挥出来的功效，由于教育活动的复杂性以及教育环境和条件的不确定性，在实际的教育评价活动中六项功能不一定全部实现，还需要评价组织者和实施者的认真细致，评价标准的确定、评价方法的选择、过程的把握、结果的反馈都要坚持一定的原则，才能将评价的功能发挥到极致。

第三节　教育评价的类型与原则

一、教育评价的类型

（一）根据评价主体的不同分类，教育评价可分为自我评价和他人评价。

自我评价是指由评价对象作为评价主体进行的评价，自己对自己的教育行为的过程及结果进行反思总结。相对于其他评价方法，自我评价更能及时准确地反映自身的实际情况，有利于自我反省和工作改进。

他人评价是指由评价对象以外的其他人作为评价主体进行的评价，他人评价能够从另一个角度提供给受评者更多的改进意见。

（二）根据评价对象的领域不同分类，教育评价可分为宏观评价和微观评价。

宏观教育评价是指以教育领域中的总体状况及教育政策、制度等为对象的评价。如对教育目的、教育结构、教育制度、教育内容、教育方法、教育社会效益等的评价均属于宏观教育评价。

微观教育评价是指以具体的教育活动以及教育活动的参与者为对象的评价。[1]如对学校、教师、学生的评价均属于微观教育评价。

（三）根据评价内容的覆盖面不同分类，教育评价可分为单项评价和综合评价。

单项评价是指评价的内容只涉及评价对象的某一方面的评价活动，如对学校管理水平的评价、教师课堂教学评价、学生德育评价等。单项评价针对评价对象的某一侧面进行测评，能更详尽地获取资料，为工作的改进提供更具体的依据。

综合评价是指评价的内容涉及评价对象的每一方面的评价活动，如对学校工作的整体评价、学生发展综合评价等。综合评价能够从整体角度了解评价对象的多侧面情况，能更全面地获取资料，为工作的整体部署和实施提供有效的依据。

（四）根据评价的参照标准不同分类，教育评价可分为相对评价、绝对评价和个体内差异评价。

相对评价的评价标准产生于某一群体内部，根据评价对象或评选规则的具体情况设定，用于群体内个体之间的相互比较，评定出个体在该群体中的相对位置，多用作选拔或评优。

绝对评价的评价标准是预先设定的，评价对象与这一标准作比较，评定出个体达到特定目标的程度，以判断其是否合格或达标，多用作毕业考试或资格认证等。

个体内差异评价的评价标准是评价对象的某一阶段的水平，用于个体自身的比较，包括一段时期前后的状况比较和同一时期不同方面的情况比较，评价出个体的发展进步状态及重心倾向，多用作自我调整。

---

[1]　王景英．教育评价理论与实践[M]．长春：东北师范大学出版社，2002．

（五）根据评价的操作时间及目的不同分类，教育评价可分为诊断性评价、形成性评价和终结性评价。

诊断性评价一般运用在一项教育活动进行之前，目的是掌握教育对象的现有基础和需求，诊断出教育活动的实施条件和预定目标是否得当，为教学的计划和实施提供有效的依据。例如，入学考试、学期初的分班考试均属于诊断性评价。

形成性评价一般运用在教育活动进行的过程中，目的是了解教育对象的阶段性学习效果，掌握教育活动进行中的具体状况，及时调整教学方案，不断改进教学方法，以便保证教学的质量。例如，课后作业、单元测验均属于形成性评价。

终结性评价一般运用在一项教育活动结束的时候，目的是对某一阶段的教育活动做总结性评定，评定最终的教育成效，判断评价对象达到预期的目标的程度。例如，期中考试、期末考试均属于终结性评价。

（六）根据评价的方法不同分类，教育评价可分为定性评价与定量评价。

定性评价是指采用观察法、访谈法等直观的方法进行资料的收集和分析，做出描述性的评价结论的方法，多用于教育活动中难以量化的行为表现评价、情感发展评价等。

定量评价是指采用统计学和数学的方法进行资料的收集和处理，做出推断性评价结论的方法，多用于教育活动中容易量化的学业成绩等。

二、教育评价的基本原则

教育评价的主要原则是：目的明确性原则、科学客观性原则、激励为主性原则、可操作性原则、公平公正性原则、实用可靠性原则等。

（一）目的明确性原则

目的明确性原则是指教育评价活动要有确定的目的性，评价内容、标准的制定，过程、方法的选择，都应以评价目的为重心，围绕这个目的来进行。

教育评价活动的开展，首先需要有明确的评价目标作导向，为评价活动的有序进行指引方向。其次需要以评价目的作规范，为评价信息的收集设定范围，避免因无效数据而浪费时间。总之，明确了评价的目的，按照目标进行的评价将是最快捷最有效的。

目的明确性原则要求教育评价要目标明确，并且评价活动进行过程中的每一个环节都要以这个目标为导向，为实现最终的教育目标而评价。

（二）科学客观性原则

科学客观性原则是指教育评价活动要真实地反映教育现象及规律，实事求是地做出价值判断。

科学客观是任何科学研究最基本的原则要求，是教育评价结果的有效性的重要保障。教育评价只有从客观实际出发，不以人为因素为转移，才能获得真实的教育反馈，进行有效的诊断和有效的评定。

科学客观性原则要求教育评价活动中评价信息的获取要科学客观，能够反映出评价对象的真实情况；评价信息的处理要科学客观，不应受评价主体的主观情感或人为因素的影响。

（三）激励发展为主的原则

激励发展为主的原则是指教育评价活动要尽可能大地发挥评价对象的主观能动性，激发其原动力，鼓励其不断改进和发展。

评价对象在接受评价中不免存在排斥心理，不利于评价活动的有效完成，也不利于评价结果的反馈与整改。激励发展为主的原则，要求评价者首先应尊重受评者，肯定受评者已获得的成就，在提出质疑时应充分考虑被评对象的心理接受能力；其次，评价者应善于运用激励的言语和行为，妥善处理与受评者的关系，使受评者积极参与评价，接受评价结果，并改进不足之处。

（四）公平公正性原则

公平公正性原则是指教育评价活动应平等地对待每一个受评者，以同样的标准进行评价，一视同仁，绝无偏私。评价活动应确保对每一个受评者都是公平的，只有严格地要求才能得到有价值的评价结果，评价对象也更愿意接受评价。

要坚持公平公正性原则，评价者应从心态和情境两方面进行调整，不受干扰、公平公正地进行评价。首先，从个人心态上调整，评价者应保持良好的心态，评价过程和结果不受个人情感因素影响，平等地看待每一个人；其次，从外部情境调整，评价者应把握住公正的标尺，不受外界因素影响，公平对待每一个人。

（五）实用可靠性原则

实用可靠性原则是指教育评价活动应确保评价得到的结论是真实可靠、有实际价值的，对于进一步的教学改革与实践是有推动作用的。

实用、可靠是设计教育评价活动的最终目的。没有价值的评价是不值得花费大量人力物力去设计与实施的。一项教育评价活动应该有它的价值体现，或促进教学改革，或提高教育质量，它应成为受评者不断提升的动力。

实用可靠性原则要求评价的数据来源可靠，数据是评价活动的基础，数据的真实性直接影响评价结果的可靠程度；要求处理数据的方法可靠，这需要评价操作人员的细心与责任心，数据处理是否得当直接影响评价结论的可用程度。

第四节 教育评价的一般过程和特点

过程是指事情进行所经过的程序或事物发展经历的阶段，如实验的操作过程、植物的生长过程等。教育评价活动也需要经过一个程序来完成，这个程序也称为教育评价过程。

一、教育评价的一般过程

下面具体介绍一下教育评价过程的各个阶段的具体工作任务。

（一）准备阶段

准备阶段的主要任务是为教育评价活动的进行做好各项准备工作，包括：

1. 确定评价目的，即为什么评价

评价的目的是制定评价具体方案和实施评价活动的前提和基础，不同的目的需要配合不同的评价标准及方法。

2. 建立评价组织，即谁来评价

评价的实施及监控由谁来执行，需要在评价的准备阶段做好部署。建立专门的教育评价组织机构，负责聘用评估专家，组织和培训评价小组成员。

3. 分析评价背景，即评价什么

分析有关此次评价的背景资料，包括社会背景、教育背景、学校背景和评价参与者背景等基础数据，为评价方案的制定做准备。

4. 制定评价方案，即怎么评价

评价方案的制定包括一系列具体的评价工作计划，如评价标准的统一、评价方法的选择、评价期限的限定、评价预算等。

（二）实施阶段

实施阶段的主要任务是教育评价活动的具体执行，包括：

1. 宣传动员

宣传动员是教育评价实施的第一步，主要目的是给评价者和评价对象创造一个沟通的平台，如以研讨会、专家报告的形式，向有关参与人员讲清楚评价的目的和意义，统一思想认识，充分调动积极性。

2. 预评价

预评价是在正式评价之前对评价方案所做的试执行，通常把评价前评价对象的自我评价作为预评价，也可以由评价组织者进行，目的是为正式评价积累经验，修改和完善评价方案。

3. 收集评价信息资料

收集资料是教育评价实施的基础步骤。资料的客观全面性是保证评价结果科学合理的必要条件。根据要求要收集什么样的资料，如何收集所需要的资料，以什么形式、在什么时间记录所需要的资料，资料收集这一步看似简单，但是包含很多技巧性的问题。首先，需要制定一个比较详细的资料收集计划；其次，资料收集的过程中，要能够保证资料的真实和可信，并且具有研究的效用。

4. 整理评价信息资料

整理资料是资料的收集到分析的过渡环节，主要任务是将收集到的众多资料进行重新核实、分类、汇总、建档等。数据整理的第一步是数据的审核，就是要将收集到的资料中不合实际情况的部分删除，并根据实际的需要进行资料的补充，确保资料的完整性和高质量。其次，要根据需要对数据进行分类和汇总，而不是原始资料的堆积。这里的分类和汇总带有明确的研究目的指向性，是更高层次上的数据挖掘。最后，对经过分类汇总的数据进行建档管理，以供正式的研究去参考。

5. 分析并形成评价结论

运用各种统计方法对已整理的评价信息资料进行深入分析和处理，形成描述性数据资料，或推断出评议的结果，形成评价报告。数据收集的最终指向是数据的使用，它体现在数据的分析结果上，收集的数据表现了什么现象，揭示了什么样的规律，对于研究有什么样的收获，这些都要在作者的研究报告，特别是提交的数据分析报告中展示出来。评价者还要根据研究对象存在的问题，做出解释，提出必要的意见和建议。

(三)结果反馈阶段

结果反馈阶段的主要任务是对评价结论的反馈与利用。包括：

1. 反馈给领导部门，诊断教育问题

教育评价的结果反馈给上级领导部门，成为他们制定和修改政策的重要依据。诊断是教育评价的功能之一。通过评价，评价者能够较准确地诊断出教育教学过程存在的问题，为确定有效的解决方案提供便捷的途径。

2. 反馈给评价对象，形成改进措施

教育评价结果及时反馈给评价对象，使他们认识自身的优势和不足，明确进一步工作和学习的努力方向。教育评价的改进功能的发挥，关键在于这一阶段中评价对象对评价结果的利用率。

3. 反馈给评价方案的拟定者，评估评价的质量

对于评价方案的拟定者来讲，在评价活动的结束阶段，更需要进行的是自省。根据评价的执行和结果的反馈利用，客观地评估评价质量，对下次评价设计的修改与完善提供意见。

二、教育评价过程的特点

教育评价过程有其自己的特点和规律。第一，具有连续性。无论是短期评价还是长期评价，教育评价活动一般都是针对某一阶段评价对象的表现状态或发展情况进行考量，评价的计划、组织、实施、反馈都需要连续地进行。资料的收集需要完整地反映这一阶段的每一个细节，评价结果的反馈同样需要及时性，间断的评价是不完整的，有时甚至是无效的。第二，具有有序性。教育评价过程一般经历三个阶段：准备阶段、实施阶段和结果反馈阶段。准备阶段负责为评价做准备工作，计划评价活动的具体方案；实施阶段负责将计划形成实际的行动，收集和处理评价信息，形成评价结论；结果反馈阶段负责评价结果的处理和反馈。三个阶段必须有序地进行。第三，具有时效性。教育评价活动具有一定的时效性，过程控制的实施期限不宜过长也不宜过短。如果期限过长，评价标准和方法可能

会不适用而造成评价结果的失效；如果期限过短，评价的信息不完全代表受评对象的全部，会造成评价结果的片面。第四，具有动态性。教育评价活动是复杂多变的，会受到教育参与者和外界环境的影响。由于参与者在不同时期存在不同的心理状态，一些人为因素会影响教育评价活动的进行和评价结果的形成。同时，外界环境的变化也会给评价带来非人为因素的干扰。评价者应尽量避免各种因素的影响，使评价对象平和地对待评价，使评价活动有效地进行。

第二章 教师的评价艺术概述

教师作为教育领域中的特殊角色，承担着教学、科研、管理与评价等多重任务。教师是教育评价活动的主要实施者，为学校提供政策参考，教师需要参与评价学校或校长；为改进管理，教师需要参与评价管理人员；为与同行协作，各取优势，教师需要参与评价同行教师；为肯定学生的成绩，改进不足，教师需要参与评价学生；为审视自己，改进教学，教师需要进行自评。总之，无论是评价他人还是评价自己，教师都需要掌握一定的评价方法与技术，将这些方法与技术运用自如，便称之为评价的艺术。

第一节 教师的评价艺术内涵

基于建构主义理论的教育评价思想，强调个人对知识的选择，重视学习者的环境协调，提倡对多元价值观念的尊重，力求建立一个涵盖人性、政治、社会文化以及其他相关因素的新一代评估体系。在我们深刻理解新一代评估理念时，评价艺术作为一种新的评价哲学，它不仅是一种新的方法论和技术选择，更是评价的一种自我革命。

一、评价艺术的含义

艺术，喻指富有创造性的语言表达、行为方式、方法途径或技术手段等。一种方法的使用能够上升为艺术的高度，体现了这种方法的使用者具有非凡的判断力和创造力。

评价艺术是在评价领域中体现出来的艺术感，是指在方式方法上表现出的创造性和有效性。这种解释充分反映了评价艺术的两个特点。第一，评价艺术应具有创造性。每个人的意识形态都是不同的，教育评价没有绝对统一化的模式，它是个性化的创作。现代化的教育评价要求在评价的过程中具有一定的弹性，即要关注每一个个体独特的个性品质，实施专属性评价服务，提高评价的效能。第二，评价艺术应具有有效性。艺术讲究的是创意绝妙高深，但不能超乎实际而没有实用价值。任何事情都追求实效性，评价也有其实施的效用，一味追求艺术高度而忽视有效性的评价是没有意义的。

二、教师施评的对象

以教师为主体参与的评价活动，其评价对象可以是学生、教师自身、同行的教师、学校的管理层人员，甚至是校长。我们将教师施评的对象归纳为以下三类：学生、教师自身和同行，这里的同行包括同行教师、管理层人员以及学校的校长。

（一）教师评价学生

学生是教师工作的对象。对学生的点滴成长，如学业成绩、情感发展、价值观的形成等，教师有着不可替代的作用。对于这些成长的评价，教师也是最有发言权的。因此，学生也成为教师的主要评价对象。教师施展其评价的艺术，主要体现在学生评价中。教师对学生的评价无时不有、无处不在，贯穿于教学过程的始终。教师根据不同年龄阶段学生的发展特点和接受能力，制定不同的评价标准，对学生做出判断。教师对学生的评价包括平时与学生交谈中的表扬与批评、学期末的鉴定性意见，也包括课后作业的批阅、单元测验、期中、期末考试等。这些评价的结论都有意无意地为学生的发展指引着正确的方向，使学生在不断改进、不断修正中成长。

此外，针对学生开展的各种评价也能间接地反映出教师的工作成绩。尽管这种靠学生评价结果来衡量教师的教学效果的方法存在很多弊端，也受到普遍的批判，但是如果我们正确地运用这种方法，在一定程度上能够反映出教师的水平。

（二）教师自我反思

从评价的主体来看，教师评价就分为自我评价和他评。他评，作为一种以外部所制定的价值标准为参考系的评价方法，被评价者本身不一定具备人们所期望的那种社会公认的成功标准、道德标准以及操作标准的认可度，很可能只是迫于外部压力需要的一种应付。教师的自我评价，作为教师评价的根本，首先是自我推动的一种内在的学习和发展自己的需求。教师自身会以自己期望的标准为依归，主动反思自己的不足，自发地改正自己的缺点，不断地学习新的技能，推动自己长期地发展。

自我反思是当前教师评价领域备受重视的重要一环，受到广泛的推崇。很多学校都大力倡导教师对自己进行反思，对自我进行评价，并采取了很多有效的方法，比如自我报告法、自我评价法、档案袋法和叙述反思法等很多行之有效的反思方法。这些方法的一个共同点就是注重教师自身的发现和需要，根据教师的自身特点来完善自己。比如，撰写教师反思日志，教师可以深入自己的内心，回味自己在课堂上的得与失，有针对性地继承优点，改正缺点，实现自我发展。

（三）教师同行评价

成功的学校最大的秘诀是学校教职员工之间具有一种共同发展的团体精神。不管是作为一个新教师、成熟型教师还是专家型教师，教师在不同的发展阶段都需要同事给予相应的帮助。合作性工作气氛的建立对于提高教师的工作满意度和最终提升学校的教学水平是大有裨益的。

在实际的学校工作中，教师在同事之间的评价工作开展得也比较多，比如教师间的同行评课、教师民主性测评校长等。教师之间、同事之间建立切实的学科合作小组或者跨学科的班级代课老师的工作小组，共同分享教师的教学经验和技巧，甚至教学中的困惑和问题，大家共同探讨，群策群力，共同解决问题。学校之中，也会经常性地开展课堂公开周等活动，教师可以去优秀教师的课堂内参观学习，通过教学观摩来审视自我，提升自己的教学水平。

三、教师的评价艺术的含义

教师的评价艺术是指在以教师作为评价主体展开的评价活动中，方法途径上表现出来的创造性和有效性。艺术本身就是一个没有标准的价值体系，理论上的定义是很抽象的，所以我们应该从实践操作的角度去理解和掌握教师的评价艺术。

以教师为评价主体的评价艺术，具体体现在教师对学生的评价、教师自身评价和教师对同事的评价三个方面。教师的评价艺术的含义体现在具体的实践中，可以从以下五个方面来分析：

(一)理解性。做到对教师的评价艺术的深刻理解非常重要。教师的评价艺术的理解性体现在以下几点：一是要求了解教师的评价艺术的重要性。评价是教师在整个教学过程中必不可少的一部分，对于教学和管理都起到不可替代的作用。掌握评价的技术技巧，创造性地发挥评价的最优化效能。二是教师的评价艺术是与实践紧密相连的。评价艺术不能只说不做，方式方法上的创新与优化必须落实到实践中去。如果只是在口头上去说，而不是在实践中去操作，那么教师的评价艺术就体现不出价值。三是教师实施评价的目的不是为了奖惩，而是为了发现问题，及时反馈给评价对象，督促其不断改进。四是教师的评价艺术的理解性还体现为作为评价的操作者要不断地增加自己的知识储备，尤其应该补充一定量的评价理论与实践技巧，避免出现判断性失误。

(二)实用性。艺术不仅是被欣赏的，更是被创作的。教育评价的艺术也一样，它不仅是理论性的，更是实用性的。教师的评价艺术的实用性要求做到以下几点：一是教师施展其评价的艺术需要遵循一定的规程，但不能用这种规程来完全统一评价艺术的模式和方法，还需根据具体的需要选择评价内容和评价方法。二是教师评价需要选用正确的工具和方法，不同的评价艺术适用于不同的使用情景，选用正确的、恰当的、有效的、易于管理、技术运用充分且公正的评价艺术能够高效地实现评价的目的。三是对于教师所做出的评价结果的正确使用非常重要。它不仅仅是鉴定等级和加强管理的需要，同时也是发现问题的需要，如我们可以用教师的评价结果来发现教学中的不足，对涉及到的整个层面上的教学改进、学校课程开发、教师个体的专业精神等进行有效的、有针对性的提升。

（三）反思性。教师的评价艺术的内涵要求在评价前、评价中和评价后都对评价的方法工具、内容、结果以及整个评价艺术背后的价值观念进行反思。反思性首先要求反思评价背后有着理性的、客观公正、合乎伦理的道德价值观。合情合理的道德价值是整个教师的评价艺术的基石，它决定了教师的评价是否合法或者具备应有的尊严。其次，反思性要求反思评价中采用的工具和方法符合评价目的和评价内容的要求，与具体的教学和学习一致，并且兼顾不同人员的个性要求。最后，反思性还应对整个教学过程中的具体行为进行有效的反思。例如，是否会有一些不恰当的评价行为对评价对象产生消极影响，是否评价行为真正满足了教学的要求，哪些行为需要坚持，哪些行为需要改进，哪些行为需要消除，等等，这些都是反思的内容和要求。

（四）人本性。教师在评价中追求艺术的高度，更多的是为了提高教师所实施的评价的可靠性和可行性。因此，教师的评价艺术具有人本性。首先，正是因为重视人，以人为本，从人出发，所以教师的评价艺术才有了存在的依据。以人本性为依据的评价艺术要求教师在评价中把人放到第一位，评价需要发现人的缺点和不足，但是也要分析找出如何解决这些不足，而不是简单地将这些不足和缺点作为惩罚的依据。其次，人本性还要求评价重视人的个性差异和兴趣的不同，给予每一个受到评价的人以充分的理解和尊重，因人而异，因人施评。最后，人本性也要求评价对象达到基本的最低标准的要求，并不是说人本性就是完全放纵，不管不问，任其发展，而是意味着在达到基本标准的基础上，再给予人自主的选择权。

(五)文化性。教师的评价艺术具有的文化内涵是要说明两个问题：一是教师的评价艺术本身就是一种带有深邃文化底蕴的评价行为，它明显区别于完全以评价工具和方法进行评价的行为，此时评价行为已经成为了一种文化的选择或者说文化教育的必备要素；二是要说明教师的评价艺术需要有一定的文化积淀，不仅是所在学校要具有这种文化的氛围，所在学校的教师也需要有这种评价所需要的文化知识，无论是施评者，还是受评者，都需要有比过去更深的文化修养，只有这样，才能为教师正确无误地施行评价、创造出艺术的行为活动奠定文化性基础。

第二节 教师掌握评价艺术的必要性

教师作为主体的评价主要包括教师评价学生、教师自我反思以及教师同行的评价。下面主要从这三方面探讨教师掌握评价艺术的必要性。

一、学生评价——教师的基本功

学生评价是指对学生个体学习的进展和变化的评价，它包括对学生学业成绩的评定、学生思想品德、个性的评价等方面。[1]学生是教师最直接的工作对象，做好学生工作，无论是教学还是评价，都是教师职业发展的必要条件。学会学生评

---

[1] 陈玉琨. 教育评价学 [M]. 北京：人民教育出版社，2008：56.

价是教师的基本功 [1]。掌握学生评价的艺术是成为一名优秀教师的基本前提。

（一）掌握学生评价艺术是教师的基本功

功即功夫，也就是能力，教师的基本功，就是教师从事其职业必须具备的基本能力或基本条件。那么，掌握学生评价艺术为什么是教师的基本功呢？

首先，掌握学生评价艺术是教师职责任务的需要。

教师的职业是教育工作，工作对象是学生。教师的根本任务是教书育人，即通过言传身教，使学生在学业、情感、价值观等方面都得到发展，实现教育目标。而教师的职责任务是否完成，或者说完成得好坏，主要体现在学生各方面的发展情况和成长状态。因此，教师关注学生的发展，关注学生的成长状态是否达到了国家规定的标准，这样的对比与判断形成了教师对学生的各种评价，评价的结果又将作为教师不断改进教学的依据。掌握学生评价的艺术，学会评价学生的方法和技巧，提高评价能力和水平，能够增加评价结果的可靠性和实效性。

其次，掌握学生评价艺术是实现评价的教育功能的需要。

教师对学生的评价是教师教育教学活动的基本环节，同时也是教师实施教育的手段之一。教师课堂授课是对学生的教育，教师组织的有目的有意义的活动是对学生的教育，同样，教师对学生的评价也是对学生的教育，而且，这种教育有时给学生留下的印象甚至比一次教学或一次教育活动更为深刻，更为长久，更为有意义。调查显示，教师对学生的每一次中肯的、恰如其分的评价，都会给学生一种满足，一种自信，一种觉醒，一种前进的方向。一位被调查者说："我在中学时，我的班主任同我的一次谈话，使我终生难忘，因为从那时起，我清醒地认识了自己，正视了自己的不足，改掉了自己的毛病，发挥了自己的潜能和特长，取得了今天的成绩，实现了自我的飞跃。"只有学会对学生评价，其教育意义才

[1]　王景英．学会对学生评价是中小学教师的基本功[J].中小学教师培训，2004（05）：26-29.

能凸现出来。

再次，掌握学生评价艺术是教师职业专业化的需要。

随着教师的职业专业化，担任教师这一职业角色的人需要具备相对应的专业化要求的条件。现在各行各业持证上岗，就是对职业专业化要求的表征。作为中小学教师，职业角色对其提出了基本要求，这些要求不仅包括思想品德、专业和身心的素质与水平等，也包括会对学生进行科学的、客观的、有效的评价。许多事实表明，没有与教师职业要求相应的专业知识、思想品德素质，则不能担任教师职业角色，而不会对学生评价，就像医生不会诊病一样，也不能符合教师职业角色的要求。通过近几年的教育评价实践活动，人们越来越认识到中小学教师学会对学生的评价是教师职业专业化的基本内容之一。现在，有的教师职业培训已把评价列为重要内容，也有些高师院校开始把学会对学生评价作为教师基本功进行培养和训练。

最后，掌握学生评价艺术是促进学生发展的需要。

教师对学生的有效评价有利于学生改进学习，从而促进学生的发展。学生通过教师的评价可以得到有关自己的成长信息，不论学习方面的还是生活方面的，或好或坏。通过评价，学生能够了解自己的学习情况，及时发现问题、解决问题、吸取经验、改掉毛病。同时，教师对学生的评价也会激发学生进行自我反思，不断改变学习习惯，改进学习方法，更高效地完成学习任务。教师对学生的评价则是教师帮助、激励和引导学生自我发展、自我完善的有效手段之一。当然，学生期望教师的评价是一种善意的、恰当的、具有积极意义的评价，而教师要对学生做出这样的评价，就需要具有正确的学生评价理念，掌握对学生评价的方法、艺术，提高评价水平[1]。

---

[1] 王景英.学会对学生评价是中小学教师的基本功[J].中小学教师培训，2004（05）.

（二）学生评价中的几组关键词

1. 教师权威和学生地位

在教师视域中，学生评价面临着教师权威和学生地位两者之间的冲突与挑战。一方面，教师作为课堂上知识的传授者和秩序的维持者，有着绝对的权威，特别是在低年级中体现得就更为明显。教师的地位明显高于学生，因此，教师对学生的评价直接影响学生的一系列行为表现和品格特征。另一方面，学生作为教师工作的对象，作为学习的主体，应该积极主动地参与教学中，而不是盲目地屈从。学生地位得到尊重，能够为评价增添积极的因素，使学生为达到评价目标的要求而不懈努力。在学生评价的实际操作中，教师应调整好教师权威和学生地位之间的关系。教师要恰当利用自己的权威，张弛有度，在维持自己尊严的基础上给学生以尊重。学生作为评价对象，在接受评价时都会存在一些逆反情绪，尤其中小学生正处于青春期，这种情绪反应更加明显，如果处理不好，会影响评价的有效实施。教师给予学生的评价就像施加给学生的一种外力，只有加入了内力的配合才能发挥更大的效力，否则增加了阻力，只能减小其效力。因此，教师应重视倾听学生的心声，了解学生的兴趣和能力，恰如其分地做出评价，使学生容易接受并且能够将评价结果的反馈真正应用到教与学的实际中，发挥评价的激励和改进功能。

2. 表扬与批评

表扬与批评是学生评价中两个重要的关键词，是教师在学生评价中应细心琢磨、恰当应用的两种评价方式。表扬是教师用正面的情绪或语言肯定学生的行为表现，从而引导学生向正确的方向努力，鼓励其继续努力，再接再厉。教师的表扬需要真实客观，反映学生的实际。为了鼓励学生而做出的不切实际的表扬性评价只会误导学生对价值做出错误的判断，辨认不清哪种做法是正确的，哪种做法是错误的，从而失去正确的努力方向。教师的表扬还需要适度。教师不能因为某学生的突出表现超出了自己的想象，就过分地加以表扬，甚至与其他学生做比较，批评他人而突出优秀的学生，这样的做法只会导致受评学生的自以为是和骄傲自满。批评是教师常用的否定式评价，多用于指出学生的行为错误或学习中的不足之处，使学生认识到自己的不足，积极改正错误，弥补缺失。人们都喜欢听到表扬的话而对批评的话有所反感，要想使批评能够起到激励学生奋起直追的作用，教师在对学生实施批评时必须要注意态度和讲究方法。错误的态度和方法会打击学生的积极性，使学生情绪低落，甚至会任由错误的行为继续发生而不去做改变。教师的批评首先要在尊重学生的前提下进行，保证学生的自尊不受伤害。比如，教师可以选择没有他人的环境下与该生进行交谈，态度应和蔼谦和。其次，要运用激励性语言进行批评，要使学生相信错误只是暂时的，相信自己有改进的空间和可能。

二、自我反思——走向专业化教师的关键

教师应改变过去纯粹依靠技术手段来实现对评价对象的管理和控制，而实现通过教师的自我参与和自我反思来实现自身的专业发展。艺术地自我反思是教师自身在使用教师评价科学技术的基础上，创造性的自我评价。

马克思主义哲学的一个基本观点是：外因通过内因起作用，内因是事物发生变化的关键。这句话浅显而又深刻地概括了教师自我反思在教师评价和教师专业化发展中的重要地位。上世纪70年代，当教育研究者们迷惑于通过标准化的教师资格认证制度和教师在职培训制度并不能像过去那样继续带给教师持续的发展力的时候，教师反思能力的缺乏就成了解释这一问题的主要原因。当我们试图通过教师的外在动力向教师施压时，他们只是完成了任务，而并没有真正投入到新知识和新理论的研究和学习中。所以，他们没有在专业发展上取得进步，只是原地踏步走。批判传统的教师评价的作用有限，批判教师专业发展制度效率不佳，简

言之，教师自我反思才是教师走向专业化的关键，是教师的评价艺术探讨中不容忽视的一部分。

（一）教师自我反思是教师走向专业化的关键

如果我们承认，外因通过内因起作用，内因是事物发生变化的关键。那么我们就必须认识到，无论是外在压力的激发，还是内在需求的控制，都需要通过教师自身的努力来发挥作用，教师的自我调整是推动其专业发展的关键性因素。

首先，教师自我反思赋予教师评价实践的价值，将教师评价与教师改进更好地结合到了一起。

传统意义上教师评价的结果是直接用于对教师进行考核的，教师评价的操作者通过各种评价渠道收集与教师工作相关的信息，以求对教师的教学工作做出客观的评价，但是评价的结果却很少运用到教师本人的工作改进之中。不只是评价者，教师作为被评价的对象，也只是将评价的结果作为自己工作一段时间后的记录和总结，而不是认识问题、改进自己工作的依据。之所以出现这种情况，原因在于评价者和被评价者之间缺乏必要的交流和沟通，在于教师缺乏对教师评价的科学认识，在于施评者和受评者只是把它当作奖惩的依据。事实上，施评者的真实目的也许是根据评价结果，通过奖惩教师以督促他们对工作做出进一步调整，而教师习惯上是将评价作为教学工作的总结，教师并没有充分认识到将评价的结果用以自我改进。因此，如果能够提高教师在评价过程中的自我反思水平，那么教师就能够意识到评价结果对于教师自我改进的意义，更加充分地使用评价的结果报告。不管是在评价的具体结果使用上，还是在评价的具体操作过程中，教师都可以发现很多自己应该保持和改进的地方，从而将教师的评价直接用于教师的改进活动之中。

其次，教师自我反思赋予了教师教育实际的意义，将教育理论和教育实践结合到了一起。

教师教育是在教师职业生涯中开展的，对教师的理论知识的补充和再教育，是教师成长必不可少的重要环节。教师教育的内容一般都是针对教师评价的整体反馈结果而制定安排的。通常来说，作为教育行政部门或者学校的领导部门是根据每一年或者每一阶段的教师评价结果，对教师的整体情况有所了解，从而开展相应的培训活动。按道理讲，针对教师群体的优缺点所开展的培养活动应该是卓有成效的，但在实际中却并不如此。目前，广泛开展的教师教育培训进程对教师专业发展所起的效果并不明显，甚至是无效的。其中一个根本性原因就是教师缺乏对教师培训理论的反思。一方面，教师没有反思的意愿。教师教育中所培训的理论是对教师存在的问题在宏观上的总体概括，需要教师根据自己的需要进行必要的加工改造方可使用到具体的教学过程中，但多数教师并没有这种思考的意识；另一方面，教师缺乏基本的自我反思能力。很多教师的反思能力有限，造成有心改进但无力改变的状况。大部分教师能够对培训的新知识理论有所思考，但并不能很好地应用于教学实践中。只有培养教师自主的反思意识，不断提高教师的反思水平，才能够为教师教育的理论和教师的教学实际之间搭建一个沟通的桥梁，从而使两者发生互动，在教师反思力的支撑下，切实改善和提高教师的教学水平。不断地通过新的教师评价去发现新的问题，再针对这些新问题开展新的培训，以促进教师的不断发展，形成通过评价发现问题、不断反思、不断提升的一个良性循环。

再次，教师自我反思促进了教师自主发展的意识和能力的不断提高。

教育最重要的特征在于教育实践的独特性，教师工作最重要的特点是教育的情境性。教育的独特性和情境性决定了教师的工作很难用统一的评价标准做出衡量，同时也决定了教师的知识是需要在实践环境中不断补充和改造的，是无法在职前教育和在职培训中全部学到的。一成不变的教育思想和知识结构是无法应对不断变化着的教学实践的。因此，教师需要通过自我反思来自我反省、自我激励，督促自己发展，形成专业发展的自主意识，提高自我反思的能力。这对于教师的专业发展十分重要。提高教师的反思意识和能力，可以促使教师在日常教学工作中关注自己的言行举止，甚至精确到一举一动、一言一行，使教师不断地对自己进行反思性评价，及时发现问题、解决问题，从而使教师的专业化水平和能力都得到快速提升。

（二）教师自我反思的几组关键词

1. 自评与他评

教师专业化发展过程中，最重要的是实现自评的发现与他评的促进相结合。教师评价的最终目的应该立足于帮助教师发现自己的问题，激发教师实现自主发展和教学改进的意识。一般来说，教师的实践性知识具有很强的个体性和经验性特征，教师要想实现真正的发展，需要通过对知识进行自我的建构，在教学实践过程中不断地积累新知识，扬弃或重组旧知识，丰富自己的教学经验。教师的发展应与时俱进，现代信息时代的特征要求教师教育的终身化。只有教师的发展实现了内在的导向，教师才能不断适应社会发展的需求。因此，考虑到社会发展的现实，在内在推动和外在压力之下，一方面，在教师的专业发展中，我们不能忽略教师评价的促进作用。教师评价可以测量教师发展的程度，可以指出教师专业化发展中欠缺的部分，但是教师评价自己却不能从根本上推动教师教学水平的发展；另一方面，教师评价必须要能够包括教师的自我评价和教师对自己专业化发展的评价。教师本人要有足够的动力去认识自我、发现自我、改进自我、超越自我，不断地提高自己的教学水平。在他评的外压和自评的内压共同影响下，教师只有不断追求专业发展的内在冲动和外在推动的刺激的结合，其专业发展才能有路可循且循不错，有力前行且行得远。

2. 反思型教师与技术型教师

在教师的评价艺术中大力倡导教师的自我反思能力的培养，一方面是为了适应社会发展的需要，另一方面是为了应对当代教师培养中过分强调技术型教师的取向。在技术型理性的教育哲学观中，教学是一个传授知识的传播系统，教师只要遵循专家学者们设计研究好的教学程序，使用准备好的教学工具，就可以顺利完成规定的教学任务。教师在教学中充当的是一个技术人员，教师评价的重点是教师的教学结果，我们清楚地知道，这不符合教师工作的实际，它忽视了教师的主观能动性，也忽视了教师在教育实践中积累的经验和已有的教育教学专长。培养专业化的教师不能陷入技术型教师的误区，教师评价也不能只考核教师的教学技能，还必须考虑到教师的反思能力培养。如果教师只是墨守成规地完成教学任务，而不能根据教学实践的需要获取对学生的了解、对教材的把握、对课堂问题的处理，那么教师很容易丧失工作的自主性，失去自主发展的能力，而他的教学也将是枯燥的、低效能的。因此，教师的自我反思艺术需要注重教师反思能力的培养和教师教学技术技能的掌握这两个方面的共同发展。

三、同行评价——迈向学习型组织之路

"独木不能成林"，一个教师在专业发展的道路上，不管自己有多么大的能耐，个人总比不上集体的智慧大，所谓"三个臭皮匠抵得上一个诸葛亮"说的就是这个道理。因此，教师的评价艺术中应给予同行评价以必要关注。当然，我们这里所说的同行不仅包括了与教师同样从事教学工作的其他的教师同行，也包括了与教师共同从事教育行业的学校的管理人员和领导等。教师同样可以把校长作为同行来评价，因为在我国，特别是中小学校长一般都是已经在教学岗位上工作多年、对教师的工作比较了解且教学水平比较高的学校资深老教师，他们可以被视为教师的同事，所以将校长看作教师的同行有可能且有必要。

采用教师同行评价和在教师评价艺术中倡导同事合作的意义深远。我们知道教师与他的同事长期工作在一起，对同行的工作比较了解，因此，教师作为评价主体来评价同行，能很容易地发现同行工作中存在的问题，也更容易给出可行的解决建议。通过教师的评价，更加强调同事之间的合作，对于教师的长期发展是非常有利的。所以我们认为，同事间的相互合作和集体之间的相互评价，可以针对教学及管理问题进行讨论，有利于把学校构建成为一个有持久生命力的、不断向前发展的学习型组织，这种学习型组织将是教师专业发展和学生学业成功的一个重要法宝。

（一）同行评价是迈向学习型组织的必经之路

学习型组织是美国管理学家彼得·圣吉在《第五项修炼——学习型组织的艺术与实务》中系统提出来的，书中将学习型组织的要点概括为："自我超越、改善心智模式、建立共同愿景、团体学习和系统思考。"[1]在一所学校中，这种学习型组织的建立对于教师的专业进步和学校的长久发展都具有十分重要的作用。要想在学校内建立一个学习型组织，我们必须在教育评价的过程中，注重同事间的互相评价，建立同事之间的合作互助的关系。

1. 同行评价有利于教师们解决实际遇到的教育问题

在当前的教师评价领域中，评价者很少是学校的老师，而更多的是学校的领导和教育部门的专门评价人员。他们在评价的具体操作过程中，也许能发现很多的问题，但是由于缺乏具体的教学经验，并不总是能提出有效的解决方案。而教师在评价同行的过程中，能够以协作的姿态，站在被评教师的立场考虑问题，那么评价中发现的问题就比较容易被解决，而且教师之间的互相评价互相合作，对于改进教师评价朝着良性的方向发展也有着很重要的作用。教师之间的相互探讨能够针对教师评价操作中的各个方面所体现出的瑕疵以及在具体评价指标设计中的不适用性提出

---

[1] 徐旻鹰．创建学习型党组织探索高校党建工作新路 [J]．中国校外教育（理论），2008（08）：872-873．

很好的建议，他们的建议可以用以改进和完善教师的评价方案。可见，教师的同行评价不仅有助于解决实际的教育问题，还有助于使教师评价方案更合理、更科学。

2. 同行评价有利于教师提高自己的教学技能

教师都会走入被评教师的课堂去听课评课，如公开课或者交流课等不同形式都是同行评价的最好案例。这种同行的听课与评课不仅有助于被评教师的教学技能提高，同时也有助于评价者本身的教学技能提高。同行评课的重点在于听课之后评课教师与被评教师之间的讨论。在讨论中，评课教师可以提出自己对此次课堂教学的意见和建议，被评教师也可以针对这些改进意见发表自己的看法，如此一来，教师之间建立了一种合作关系，而非一般的评价关系。大家可以通过这个平台交流教学方法与技能技巧，共享自己的教学体会，使每位教师在评价中都能得到对自己有益的收获。在教师的评价领域中，我们应该更多地去倡导教师之间的合作，而不单单是竞争，使教师从评价中获得更多的帮助，更好地提高自己的教学技能水平。

3. 同行评价有利于教师之间建立良好的信任关系

同行评价需要教师之间建立良好的信任基础，而良好的信任基础也能够使同行间的评价更有效。如何通过教师间的评价来加强教师团队的合作与相互信任的氛围？首先，要实现评价双方的相互理解和尊重。评价的执行者，作为评价工作的操作方，不仅是在履行职责，也是在帮助教师同行发现问题解决问题，他们的工作应该得到理解和尊重。同时，在评价过程中，评价者也要给予被评教师以同样的理解和尊重。其次，教师同行评价的开展中，同事间的合作是十分必要和重要的。通过教师的同行评价，教师可以相互交流经验，听取各自的意见并针对具体问题提出解决方法，这极大促进了教师的教学能力的发展。

（二）同行评价中的几组关键词

1. 上级和下级

同事间的评价中值得注意的一点是评价双方地位的差别。虽然评价双方的人格是平等的，但是在评价的具体操作过程中，职位的高低会影响评价的有效进行，尤其表现在教师评价校长的过程中。一方面是作为评价者的教师，另一方面是作为被评对象的校长，是评价者的上级领导。这种关系下的评价活动，教师难免处于很被动的地位。普通的教师一般都习惯于接受上级的要求，愿意在其引导下工作和改进，因为我们传统上重视上级行政领导的权威。因此，在教师评价校长的过程中，正确处理评价者和被评价者双方的关系应当引起我们的注意。作为评价者的一方，教师必须要能够以正常的心态对待评价上级的任务，以积极的态度开展评价活动，在评价中重视同上级以及同事的合作，而不是担心得罪领导，处处怕评价、烦评价，担心评价对自己造成不利的影响。另一方面，作为被评价者的上级领导也要充分理解教师，尊重教师的评价工作，走进教师的心里，切实将评价的作用真正落实到根本，充分利用评价作为提高自己、发展自己的平台。

2. 封闭与开放

封闭和开放的互补是教师同行评价中至关重要却经常被忽略的一个问题。一个好的评价体系是开放的，它必须要能够设计出包容性强、适用度高的一系列指标。一方面教师不可能千人一面，我们评价的教师是不同性格、不同特点的庞大集体组合，"一刀切"的评价模式只会出问题，让所有的教师陷入发展的迷惘当中，找不到出路；另一方面，随着时代的快速变革，教师评价体系必然面临着与时俱进的压力，教师评价必须因时而变，不断改进，以符合时代发展的要求。同时，评价系统也要做到一定的封闭性，我们应该给予每一个评价对象特别的关心，注意评价结果的保密性，对于没有必要知道评价结果的人采取保密原则。因为教师在针对自己的评价过程中，总会不自觉地有不愿意完全敞开心扉，或者报喜不报忧、说好不说坏的人性特点，这是教师封闭性的体现。我们要想克服这一点，除了在资料上的保密之外，还需在制度设计上要考虑开放的艺术性，降低评价对教师的奖惩作用，更多地强调其改进功能。封闭和开放恰当地融合，提高了教师评价的艺术性，在实践中我们应当执两端而用其中，注重封闭的同时尽量开放。

第三节　教师掌握评价艺术的意义

评价是教师工作中不可或缺的一部分。教师在教育中占据重要的地位，联系着学校与学生、教师与教师、教师与学生、学生与家长等多个方面。教师评价学生、评价自己、评价身边的同事、评价校长、学校以及根据评价结果所做出意见和建议，都将成为使学生不断地成长发展、使教师的工作不断改进、使学校事业不断发展的重要推动力。因此，在评价中，教师正确掌握评价艺术和熟练地使用评价方法具有关键性的作用和意义。

一、有助于评价对象的有效配合

教师掌握评价艺术，在实施评价过程中注意态度和方法的使用，注重与评价对象的坦诚交流，能够缓解评价对象因评价而产生的焦虑和抵触心理，使评价对象更愿意接受评价并积极主动地参与和配合。教师实施评价，尤其是实施对他人的评价时，需要评价对象给予有效的配合。无论是数据收集阶段还是结果反馈阶段，教师都需要来自评价对象的支持与合作，因为他们才是评价的主角，也是主要的受益方，他们能够为评价提供一手的材料，也能为评价提供合理的意见。这种支持与合作建立在他们对教师这一评价者的信任与认可的基础上。要想得到评价对象的信任与认可，教师首先要掌握评价的技能技巧，遵循评价的原则，恰当使用评价方法，公平公正、客观科学地反映对象的实际，建立良好的沟通关系，实施有效的评价。

二、有助于最大限度提升评价效果

评价方法灵活有利于提升评价效果。教师的评价艺术需要在平时的评价实践中不断地积累、不断地升华，而评价方法的灵活应用是反映教师的评价艺术水平的重要环节。教育评价的艺术主要体现在评价方法的创造性和有效性使用。教师在运用评价方法时，应当在注重其实效性的同时加入一些自己的创意，使评价方法真正能做到实用、适用、妙用。随着现代评价技术的不断更新，评价方法也层出不穷，如学生评价中的表现性评价、增值评价，教师评价中的档案袋评价等。方法的多样化，增加了教师选择和创造的空间。根据评价的实际需要选择正确的评价方法，使评价方法的运用尽善尽美，发挥出最大的效能，是很多教师在整个评价过程中不断思考和追求的。教师掌握评价的艺术，了解评价的基础理论和途径方法，有利于在方法的使用上做全局的思考，使其最大限度地提升评价效果。

三、有助于评价结果的有效反馈

教师掌握评价的艺术，有助于评价结果的有效反馈。评价结果要想有好的反馈，前提是要有有效的生成。教师能否准确地把握评价目的，明确地制定评价标准，正确地使用评价方法，合理协调与被评者的关系，决定着评价结论的有效生成，也决定着评价结果的合理性和评价建议的可行性，而这些都将成为使评价对象更容易接受评价结果并愿意依据评价结果的建议进行整改的重要保障。教师掌握评价艺术，能够调动评价对象的积极主动性，有助于评价的反馈。只有评价对象参与的评价，才是更有价值的评价，只有评价对象参与的结果反馈，才是有效的反馈。教师的评价直接反馈给评价对象，或肯定，或否定，或激励，或督促，只有调动了评价对象的内动力，才能发挥其最大的效应。

第四节 教师应掌握的评价技术

如何用最简便的方式完成最复杂的任务，是评价人员们一直以来不懈追求的。因此，教师掌握一定的收集数据和处理数据的方法与技术是教师有效实施评价的前提保障。这些基本技术的有效使用有助于提高教育评价的效率和效果。

一、教师评价技术中的关键性词语

(一)测量和统计

统计与测量是评价的重要基础。测量和统计的关系有时比较模糊,概念上有很多交叉点,但作为专门的学科,两者还是有着明显的不同的。

测量,特别是教育测量,它关注于一种教育上的效用表现,测量的内容和结果主要是对于教育过程在学生身上发生的变化,也包括教育所在的物质条件的体现。可以说,通过教育测量,我们了解了学生的学业成绩、学习能力、兴趣爱好和品德发展状况,同时也能了解学生所在教育条件的情况,开展科学的教育测量是我们改进教学、提高学生能力、实现学生全面发展和进行教育管理的一个重要工具。

统计是一门历来被人们经常使用却又不给予足够重视的学科。随着数字时代的来临,统计越来越被提高到更加重要的位置上。细化到教育统计,它是“统计学中的一个分支,是把整个数理统计的理论与方法应用到教育领域,侧重从数量角度研究教育现象规律的一门应用统计学,”[1]它是教育中进行科学研究和管理的重要工具,也是教育评价中必不可少的重要工具之一。

测量和统计是教育评价过程中的重要一环,教师实施评价活动不可能脱离基本的测量和统计。科学的评价要求在客观的教育测量和统计的基础上进行,教育测量和统计收集到的资料是进行评价的基础,不管是定量评价还是定性评价,都离不开针对资料的统计和测量。

(二)价值判断

正如美国学者格朗兰德所言,“评价等于测量(量的论述)和非测量(质的论述)+ 价值判断”。可见,评价中价值观属性应该予以足够的重视,不能被忽视。

---

[1] 王景英. 教育统计学 [M]. 北京:高等教育出版社,2006:3.

在教育评价中提倡重视价值观判断并不是为了对某种价值观的控制使用，而是鼓励多重价值观的存在。评价的过程中，我们应该给予价值观必要的重视，在"做"的同时关注自己的潜在价值观到底是什么，正确地认识自己在评价中所持的价值判断取向，这对于我们谨慎看待评价以及解决评价中出现的各种问题具有指导性的意义，有助于我们更加客观地开展评价活动并保证评价始终沿着预想的目标发挥作用。此外，价值判断能够赋予评价者真正的理解性，比如对于测量和统计中的各种名词，诸如相关系数、二项分布以及线性相关分析等，掌握价值判断将会使评价参与者在数学含义之外，更加深刻地理解这些名词在实际教学中的教育哲学内涵。这也是一个真正优秀的评价者应该去不断学习的地方。

二、数据收集的技术与方法

（一）观察法

观察法是指有意识、有目的地通过感官或者仪器，对处于自然状态下的观察对象进行系统观察的一种资料收集方法。通过观察，评价者能够获取第一手的评价资料，真实客观地记录评价对象的实际状况，更有利于做出公正的评价结论。

（二）测验法

测验法是指运用一组试题去测定某种教育中的实际情况，从而收集资料进行研究的一种方法，多用于学生评价中，例如：学生的人格特征测量、学生的心理发展测试、学生体能测试、具体科目的阶段性考试等。在实际应用中，测验法是教师最常用、最易操作的一种评价方法。

（三）调查法

调查法包括问卷调查法和访谈调查法。问卷调查法是指在科学方法论的指导下，围绕特定的目的，设置针对性的问卷发放给特定的对象回答，收集信息进行研究的方法。访谈调查法是指评价者通过与评价对象的交谈获得必要的评价数据信息的方法。一般谈话的内容是根据评价的目的事先设计好的。

（四）文献法

文献法是指通过查阅文字资料或数字资料，收集到与评价对象有关联的评价信息的方法。如评价教师的教学水平时，可以查阅教学计划、教案、教学进度等资料；评价学生的学习效果时，可以查阅学生的笔记、作业、考试试卷、成绩记录表等资料；评价学校的工作时，可以查阅学校的工作计划、总结、记录等资料。

三、对数据进行描述的技术与方法

（一）统计表与统计图

1. 统计表

统计表是按照一定的需要，将整理过的评价数据用表格的形式呈现出来的一种统计资料的形式。用统计表来代替大量的文字叙述，使数据更清晰明了，评价人员更容易阅读和对比分析。

一般的统计表包括序号、标题、项目、数据、说明等。其中的统计数据是统计表的主体，而表的序号、说明等可视具体情况适当取舍。

表 2—1 某班级参加课外课程人数统计表

	声乐	舞蹈	表演	合计
男生	4	1	6	11
女生	8	11	4	23
合计	12	12	10	34

2. 统计图

统计图是利用几何图形或事物图画等揭示评价数据间的内部关系及其发展动态的一种统计资料的形式。常见的统计图有条形统计图、扇形统计图、折线统计图、象形图、统计地图等。用图形代替数据的表达形式，更加形象直观，便于比较，而且更具表现力，使人印象深刻。统计图由图的序号、图题、图目、图尺、图线、图形、图例等部分构成，如下图所示。

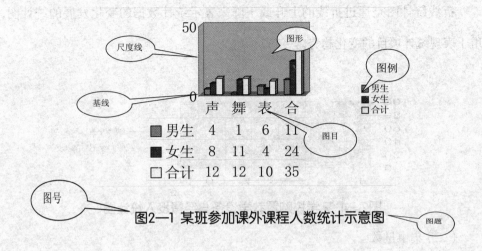

图2—1 某班参加课外课程人数统计示意图

条形统计图是用横向或纵向的条状图形来描述统计数据的数值大小，用来对比同类指标的统计值大小，如下图所示。

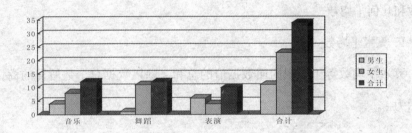

图 2—2 某班参加课外课程人数统计图

扇形统计图是用扇形面积的大小来描述统计数据的总体结构分布，用来显示每一类数据占总体的百分比例。如下面的扇形统计图描述的是课余时间里中学生最喜欢的活动调查。每一块扇形区域都表示着选择该项活动的学生的比例。

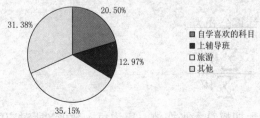

图2—3 课余时间里中学生最喜欢的活动调查

折线统计图是通过折线的上升或下降来表示统计数据的变化发展的统计图，用于表现统计项目的变化趋势。

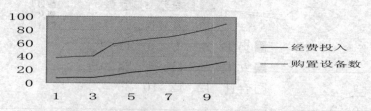

图2—4 某学校购置教学设备与经费投入统计图

（二）集中量数

集中量数是描述一组数据的集中趋势的统计量。常用的集中量数有：算术平均数、中位数、众数、几何平均数和调和平均数等，这里只介绍算术平均数、中位数和几何平均数。

1. 算术平均数

算术平均数等于一组同质数据值的总和，除以数据总个数所得的商，用公式表示为：

$$\overline{X} = \frac{\sum\limits_{i=1}^{N} X_i}{N}$$

其中 $X_1, X_2, X_3, ..., X_N$ 为各数据值，N为数据个数。

把表示统计事项重要性程度大小的量数称为权数。一组同质数据中，每一数值与其对应权数乘积的总和，除以权数之和所得的商，称为加权算术平均数，用符号 $\overline{X}_w$ 表示，计算公式为：

$$\overline{X}_w = \frac{\sum WX}{\sum W}$$

其中 $\overline{X}_w$ 表示加权算术平均数；W为每一数值X所对应的权重；

$\sum W = \sum_{i=1}^{N} W_i = W_1 + W_2 + L + W_N$ 表示数据与对应权数乘积的总和。

2. 中位数

一组按大小顺序排列的数据中，居中间位置对应的数据值即为中位数，用符号Mdn表示。中位数的计算方法为：首先将数据按大小顺序排列，找出中间位置序号，中间位置对应的数据值即为中位数。

如：一组数值为7、9、11、16、19、28、34，排序后的中间位置序号为：

$\frac{N+1}{2} = \frac{7+1}{2} = \frac{8}{2} = 4$，由左向右第4号对应的数据即为中位数，Mdn=16。

又如：一组数值为4、5、7、8、10、12、18、19，其中间位置序号为$\frac{N+1}{2} = \frac{8+1}{2} = \frac{9}{2} = 4.5$，说明中间位置在第4和第5位之间，那么中位数是第4位与第5位对应数据值和的一半，即 $Mdn = \frac{8+10}{2} = 9$。

3. 几何平均数

如果一组数据值按比例递增或递减，表示其平均水平时应使用几何平均数。几何平均数一般用于计算平均发展速度、平均增长速率等统计指标。几何平均数的计算公式为：

$$M_G = \sqrt[n]{X_1 \cdot X_2 \cdot X_3 \wedge X_n}$$

其中 X_1，X_2，X_3，…，X_n 为n个数据值。

例如2、6、18这三个数的几何平均数为：

$$M_G = \sqrt[n]{X_1 \cdot X_2 \cdot X_3 \wedge X_n} = \sqrt[3]{2 \times 6 \times 18} = 6$$

如果数据的个数较多，求几何平均数时就需开高次方，通常需借助计算器来完成。

（三）差异量数

差异量数是描述一组数据的分散程度的统计量。常用的差异量数有全距、平均差、四分差、方差、标准差、差异系数等。这里我们主要介绍标准差、四分差和差异系数。

1. 标准差

标准差常与算术平均数配合使用，来描述一组数据的集中和分散两个分布特点。标准差是指每个数据与它的平均数的差的平方的算术平均数再求算术平方根。总体标准差用 σ 符号表示，样本标准差用S符号表示。计算公式为：

$$\sigma = \sqrt{\frac{\sum (X - \overline{X})^2}{N}}$$

其中X为数据值；$\overline{X}$ 为该组数据的平均数；N为数据的个数。

例如，甲乙两班各出 8 名选手参加作文竞赛，成绩如下表 2-2 所示，分别计算其标准差并比较两个班的成绩。

表 2-2 甲乙两班 8 名选手作文竞赛成绩统计表

班级	作文竞赛成绩								平均成绩
甲班	83	89	92	90	76	67	74	61	79
乙班	68	100	80	83	67	84	77	73	79

解：分别列表 2-3 和表 2-4，并代入公式求出两班成绩的标准差。

表 2-3 甲班的作文竞赛成绩统计表

$\overline{X}$	83	89	92	90	76	67	74	61	$\sum$
$\sum (X - \overline{X})$	4	10	13	11	−3	−12	−5	−18	0
$\sum (X - \overline{X})^2$	16	100	169	121	9	144	25	324	908

表 2-4 乙班的作文竞赛成绩统计表

$\overline{X}$	68	100	80	83	67	84	77	73	$\sum$
$\sum (X - \overline{X})$	−11	21	1	4	−12	5	−2	−6	0
$\sum (X - \overline{X})^2$	121	441	1	16	144	25	4	36	788

根据公式得：

$$\sigma_{甲} = \sqrt{\frac{\sum (X - \overline{X})^2}{N}} = \sqrt{\frac{908}{8}} \approx 10.65$$

$$\sigma_\text{乙} = \sqrt{\frac{\sum (X - \overline{X})^2}{N}} = \sqrt{\frac{788}{8}} \approx 9.92$$

从上例可以看出，虽然两班成绩的平均数都是 79 分，但两班成绩的标准差不同。说明两班选手的平均水平相同，但差异程度不同，平均分的代表性也就不同。

2. 四分差

四分差又称四分位距。四分差是指在一个次数分布中，中间50%次数的数值距离之半，也就是第3四分位数与第1四分位数之差的一半。所谓第3四分位数是指数轴上的一点，在这一点的下端有占总次数75%的数据，在其上端有占总次数25%的数据；所谓第1四分位数也是指数轴上的一点，在这一点的下端有占总次数25%的数据，在其上端有占总次数75%的数据，可用图2－5表示。

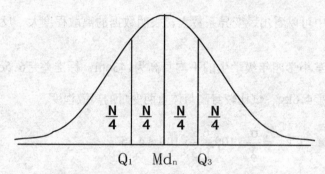

图2—5 四分差和四分位数之间的关系

四分差的计算公式为：

$$Q = \frac{Q_3 - Q_1}{2}$$

其中Q表示四分差；Q1表示第1四分位数；Q3表示第3四分位数。

例如，20名学生英语测验成绩为 52、79、73、60、45、44、89、87、65、81、68、79、67、80、65、64、72、66、48、83，求测验成绩的四分差。

解：先将20个数据按从小到大顺序排列：44、45、48、52、60、64、65、65、66、67、68、72、73、79、79、80、81、83、87、89。

然后确定 Q_1 和 Q_3 的位置，由于 $N=20$，所以 Q_1 的位置是 $\frac{20}{4}+\frac{1}{2}=5.5$，则 $Q_1=\frac{60+64}{2}=62$；Q3 的位置是 $\frac{3\times 20}{4}+\frac{1}{2}=15.5$，则 $Q_3=\frac{79+80}{2}=79.5$。代入公式得

$$Q=\frac{Q_3-Q_1}{2}=\frac{79.5-62}{2}=8.75$$

3. 差异系数

差异系数也叫相对标准差，用符号CV表示。它是标准差与平均数的比值，不具有实际测量单位。公式为：

$$CV=\frac{\sigma}{\overline{X}}\times 100$$

其中，CV表示差异系数；σ表示标准差；$\overline{X}$表示平均数。

从公式中可以看出，变异系数大，表明数据的离散程度大，反之数据的离散程度小。

例如，某小学四年级学生的平均身高为143cm，标准差是6.5cm；平均体重31kg，标准差4.6kg，试比较身高与体重两变量的离散程度。

解：

$$CV_H=\frac{\sigma}{\overline{X}}\times 100\quad \frac{6.5}{143}\times 100\approx 4.55$$

$$CV_W=\frac{\sigma}{\overline{X}}\times 100\quad \frac{4.6}{31}\times 100\approx 14.84$$

$$CV_W>CV_H$$

体重的离散程度比身高的离散程度大。

（四）相关量数

相关量数是描述数据之间的相关程度的统计量数。常用的相关量数有相关系数。相关系数是描述代表事物的量之间相互变化的方向及密切程度的指标，表明变量间相互伴随变化的趋势，一般用符号 r 表示，其取值范围为 $-1\leqslant r\leqslant 1$。r 的正负号仅表明两变量之间变化的方向，r>0 为正相关，r<0 为负相关，r=0 为

零相关，r 绝对值的大小表明两变量间相关程度，r=0.5 和 r=-0.5 表示的相关程度相同。教育研究中常用的相关系数主要有积差相关系数、等级相关系数、点二列相关系数和 rφ 系数等。

1. 积差相关系数

当两个变量都是正态连续变量，且两者之间呈线性关系时，描述其相关程度用积差相关，它是研究两变量间直线相关最基本的方法。积差相关是20世纪初由英国统计学家皮尔逊提出的，亦称皮尔逊相关法，用积差相关系数来表示，其基本公式为：

$$r = \frac{\sum xy}{N\sigma_x \sigma_Y}$$

其中 x、y 分别为 X 变量和 Y 变量的离差；σ_x、σ_Y 分别为 X 变量和 Y 变量的标准差；N 为成对观测值的个数；$\sum xy$ 为两变量离差之积的和，它可以反映变量间的相关关系。$\sum xy$ 的绝对值越大，两变量间相关程度越高。

在实际研究工作中，使用积差相关公式计算相关系数时，应当注意其适用条件：

两变量都应是来自正态或接近正态总体分布的等距变量；

数据必须是成对的，且不同数据对之间是相互独立的；

两变量之间呈线形关系；

样本容量应较大，一般 N≥30。如果数据太少，有时由于偶然因素影响，虽依据观测值可计算出一个相关系数，但与实际不符，使相关系数失去意义；另外，在相关研究中，要注意排除共变因素的影响。

2. 等级相关系数

等级相关是指以等级次序排列或以等级次序表示的变量之间的相关。等级相关法不受变量总体分布形态的限制，等级相关法适用于具有等级特征的数据资料间的相关分析，也适用于变量间具有线性关系或虽是测量数据但个数较少或不符合正态分布情况下的相关分析。常用的等级相关方法主要有斯皮尔曼等级相关和肯德尔和谐系数相关。

斯皮尔曼等级相关系数是描述两列等级变量间相关程度的量数，由英国统计学家斯皮尔曼提出，用符号r_s表示，其计算公式为：

$$r_s = 1 - \frac{6\sum D^2}{N(N^2-1)}$$

其中D为成对等级之差；N为等级数。

肯德尔和谐系数又叫肯德尔W系数，是描述两个以上等级变量之间的一致性程度的量数。常用来表示几个评定者对同一组对象进行等级评定的一致性程度或同一个评定者对同一组对象先后评定多次，其等级之间的一致性程度。用符号W表示，公式为：

$$W = \frac{\sum R^2 - \frac{(\sum R)^2}{N}}{\frac{NK^2}{12}(N^2-1)}$$

其中R为每个被评对象评定的等级之和；N为被评定对象的个数；K为评定者个数。

肯德尔和谐系数反映了评价者意见的一致性程度，如果评价者的意见越一致，则W值也就越大，一般说明评价结果的可靠性越高。但是如果评价者的鉴别能力较低，即使W系数高，也不意味着评价结果可靠性高，所以要求评价者要有一定的评价能力。

（五）相对地位量数

相对地位量数是描述一组数据中某一个数据在群体中所处位置的高低的统计

量。常用的相对地位量数有百分等级和标准分数。

1. 百分等级

百分等级是指一组有序数据中某一数据以下所含次数占总次数的百分比，通常用符号PR表示。在教育评价中，百分等级常用来表示某分数在团体中的相对位置。百分等级越低，该分数在团体中所处的位置就越低。例如：某分数的百分等级为60，则表明团体中有60%的人的成绩低于该分数。

如果数据资料未进行分组统计，则百分等级的计算公式为：

$$PR = 100(1 - \frac{R}{N})$$

其中PR为百分等级；R为给定分数在团体中的等级；N为总次数。

例如，18名学生的考试分数为：93，88，43，57，76，87，52，86，60，87，61，85，82，73，81，80，62，78，求85分学生的百分等级是多少？

解：首先将原始分数按大小顺序排列，并求出90分对应的等级R。大小顺序为：93，88，87，87，86，85，82，81，80，78，76，73，62，61，60，57，52，43，所以85分对应的等级为6，即R=6。将R=6，N=18代入公式，得：

$$PR = 100(1 - \frac{R}{N}) = 100(1 - \frac{6}{18}) = 66.7$$

计算结果说明：85分对应的百分等级为66.7，即有66.7%的考生成绩在85分以下。

如果数据资料已进行了分组统计，则百分等级的计算公式为：

$$PR = (F_b + \frac{f(X - L_b)}{i}) \cdot \frac{100}{N}$$

其中X为给定的计算百分等级的分数；F_b为X所在组以下各组次数之和；L_b为X所在组的实下限；f为所在组的次数；i为组距；N为总次数。

2. 标准分数

标准分数是原始数据与其所在团体的算术平均数之差除以标准差所得的商。其定义式为：

$$Z = \frac{X - \overline{X}}{\sigma}$$

其中 X 表示原始数据；$\overline{X}$ 表示原始数据的算术平均数；σ 表示原始数据的标准差。

标准分数有以下三个性质：第一，标准分数可以为正值，可以为负值，也可以为零。如果原始数据大于算术平均数，则标准分数为正值；如果原始数据值小于算术平均数，则为负值。标准分数的绝对值越大，则说明原始数据距算术平均数越远。第二，标准分数是没有实际单位的，是以平均数为参照点，以标准差为单位的一个相对量数，用于表示每一个原始数据在其团体中的相对位置。如标准分数为1，表明原始分数是高于平均水平1个标准差的位置；标准分数为−1.8，表明原始分数在平均分以下1.8个标准差的位置。第三，当我们把一组数据都转换成标准分数时，得到的标准分数组成的数据组，它的平均数为0，标准差为1。

即：

$$\overline{Z} = 0 , \quad \sigma_z = 1 。$$

正因为有这些性质，标准分数才有着多方面的应用，比如，它可以确定某分数在团体中的相对位置，比较两个不同科目成绩的好坏，还可以确定录取分数线等。

四、运用数据进行推断技术

推断技术是指运用概率理论，在一定可靠程度上对评价数据的总体分布特征进行估计和推测的方法，主要包括参数估计和假设检验。

（一）参数估计

1. 抽样分布的几个基本概念

总体是指性质相同的研究对象的全部。总体中的每个元素称为个体。

样本是指从总体中抽取的与总体性质相同的一部分个体。

参数是指代表总体特征的量数。如总体平均数、总体标准差等。

统计量是指代表样本特征的量数。如样本平均数、样本标准差等。

自由度是指可以自由取值的数据的个数，或者不受任何约束可以自由变动的变量的个数。

抽样分布是指样本统计量的概率分布，是推断统计中用样本推断总体时的重要理论依据。教育研究中常用的抽样分布有：正态分布、t分布、卡方分布、F分布等。

标准误是指描述样本统计量的分布离散程度的量数，即该样本统计量在抽样分布上的标准差。标准误越小，表明样本统计量与总体参数间的差异越小，样本对总体的代表性越强，用样本统计量推断总体参数的可靠性越强。

2．点估计与区间估计

参数估计可分为点估计和区间估计两种。

所谓点估计，就是用某一样本统计量的值估计相应的总体参数值。对同一总体参数值进行估计的方法不同，会产生不同的估计量。好的估计量要具有下列基本性质：一是无偏性。无偏性是指没有系统偏差，也就是说若用同一估计量估计多次，其平均值应恰好等于欲估计的总体参数值，即偏差之和为0，这时称该统计量为相应总体参数的无偏估计值。二是有效性。有效性是指当总体参数的无偏估计值不止一个时，其统计量的一切可能值方差最小者有效性最高。三是一致性。一致性是指当样本容量无限增大时，估计值应越来越接近它所估计的总体参数值。四是充分性。充分性是指由一个容量为n的样本所计算出的样本统计量，是否充分反映了全部n个数据所反映的总体的信息。

所谓区间估计，是指以一定的概率去说明总体参数落在某一区间的可能性，而不是以一个点值去估计总体参数可能是多少。区间估计可以解决总体参数的范围大小和正确估计的概率这样两个问题。区间估计不能具体指出总体参数值等于什么，但它能用数轴上的一段距离表示未知参数可能落入的范围，而且还可指出总体参数落在该范围的概率有多大或犯错误的概率有多大。这个出现错误的概率称为显著性水平，记作α，而1−α即为总体参数落在某一区间的可能性，称为置信度，一般设为0.95或0.99。置信区间是指在某一置信度时总体参数所在的区域范围。置信度为0.95的置信区间是指总体参数落在该区间内，估计正确的概率为0.95，而出现错误的概率为0.05。区间估计可以解决总体参数的两个问题：一是范围大小；二是正确估计的概率。

（二）假设检验

统计假设检验是依据一定的原理，利用样本信息，根据一定概率，对总体参数或分布的某一假设做出拒绝或保留的决断。

统计假设检验的一般步骤为：建立假设；选择检验方法和计算检验值；χ^2确定显著性水平及临界值；进行统计决断，即判断结果并解释。统计假设检验的方法很多，教育研究中应用最多的有Z检验、t检验、χ^2检验、F检验等。这里我们主要介绍Z检验和t检验。

1.Z检验的适用条件及检验公式

当总体正态分布，总体方差已知时，检验样本平均数与总体平均数间的差异。检验公式为：

$$Z = \frac{\overline{X} - \mu_0}{\sigma / \sqrt{n}}$$

其中$\overline{X}$为样本平均数；μ_0为已知总体的平均数；σ为已知总体的标准差；n为样本容量(大小不限制)。

当总体正态分布，总体方差未知，大样本时，或者当总体为非正态分布，大样本时，检验样本平均数与总体平均数间的差异。检验公式为：

$$Z = \frac{\overline{X} - \mu_0}{S / \sqrt{n}}$$

其中S为样本标准差；其他符号意义同上。

当总体正态分布，总体方差已知时，检验两个独立样本平均数间差异。检验公式为：

$$Z = \frac{\overline{X}_1 - \overline{X}_2}{\sqrt{\dfrac{{\sigma_1}^2}{n_1} + \dfrac{{\sigma_2}^2}{n_2}}}$$

其中$\overline{X}_1$、$\overline{X}_2$分别是两样本的平均数；${\sigma_1}^2$、${\sigma_2}^2$分别是两样本来自的总体方差；n_1、n_2是两样本容量。

当总体正态分布，总体方差未知，但两个样本的容量均大于30时，检验两独立样本平均数间差异。检验公式为：

$$Z = \frac{\overline{X}_1 - \overline{X}_2}{\sqrt{\dfrac{S_1^2}{n_1} + \dfrac{S_2^2}{n_2}}}$$

其中$\overline{X}_1$、$\overline{X}_2$分别是两样本的平均数；S_1^2、S_2^2分别是两样本的方差；n_1、n_2是两样本容量。

当总体正态分布，总体方差已知时，检验两相关样本平均数间差异。检验公式为：

$$Z = \frac{(\overline{X}_1 - \overline{X}_2)\sqrt{n}}{\sqrt{\sigma_1^2 + \sigma_2^2 - 2r\sigma_1\sigma_2}}$$

其中σ_1、σ_2分别是两样本来自的总体的标准差；n为成对观测值的对数；r

为两样本间的相关系数。

当总体正态分布，总体方差未知，n>30时，检验两相关样本平均数间差异。检验公式为：

$$Z = \frac{(\overline{X}_1 - \overline{X}_2)\sqrt{n}}{\sqrt{S_1^2 + S_2^2 - 2rS_1S_2}}$$

其中S_1、S_2分别是两样本的标准差；n为成对观测值的对数；r为两样本间的相关系数。

2.t检验的适用条件和检验公式

当总体正态分布，总体方差未知，小样本时，检验样本平均数与总体平均数间的差异。检验公式为：

$$t = \frac{\overline{X} - \mu_0}{S / \sqrt{n-1}}$$

当总体正态分布，方差未知但相等，样本容量小于30时，检验两个独立样本平均数间差异。检验公式为：

$$t = \frac{\overline{X}_1 - \overline{X}_2}{\sqrt{\dfrac{\Sigma x_1^2 + \Sigma x_2^2}{n_1 + n_2 - 2}} \cdot \sqrt{\dfrac{1}{n_1} + \dfrac{1}{n_2}}}$$

其中$\overline{X}_1$、$\overline{X}_2$分别是两样本观测值的离差平方和；Σx_1^2、Σx_2^2分别是两个样本的平均数；其他符号意义同上。

当总体正态分布，方差未知且不相等，样本容量小于 30 时，检验两个独立样本平均数间差异的显著性。用 t' 检验。

$$t' = \frac{\overline{X}_1 - \overline{X}_2}{\sqrt{\dfrac{S_1^2}{n_1 - 1} + \dfrac{S_2^2}{n_2 - 1}}}$$

当总体正态分布，总体方差未知但相等，n<30时，检验两相关样本平均数间差异。检验公式为：

$$t = \frac{(\overline{X}_1 - \overline{X}_2)\sqrt{n-1}}{\sqrt{S_1^2 + S_2^2 - 2rS_1S_2}}$$

式中，r 是两样本的相关系数；其他符号意义同上。

第三章 教师评价学生的艺术

教师对学生的评价，要特别讲究策略与方法的运用，客观恰当地评价学生是教师评价艺术的核心内容。教育评价本身即是一门艺术，教师与学生都需要勤于实践、认真体会方可领会其精髓。每个学生都有自己独特的个性和兴趣取向，因此，在评价学生的过程中，教师要充分了解学生，发现学生个体的潜能所在，使评价为教育服务，促进教与学的共同增进。

第一节 学生评价的内涵

一、学生评价的定义

学生评价指在一定教育价值观指导下，根据一定的标准，运用现代教育评价的一系列方法和技术，对学生的思想品德、学业成绩、身心素质、情感发展等的发展过程和状况进行价值判断的活动。[1] 学生评价是教育评价的重要组成部分，也是教师的主要评价对象之一，教师评价学生是以教师为主体开展评价的核心内容。评价学生不仅要关注学生的学业成绩，更要发展学生多方面的潜能，以期帮助教师了解学生的发展需求，促进教学活动的改进，帮助学生了解自己，建立自信，促进教师和学生共同发展与提高。

二、学生评价的内容

（一）思想品德

中小学是人思想品德形成的重要阶段。他们的思想形成由不知到知、由不懂

---

[1] 蒋琳. 多元智力理论指导下的学生评价 [J]. 教育探索，2007(01)：67–68.

到懂、由不会做到会做，需要一个逐步发展成熟的过程。恰当的评价能为学生的思想品德发展提供助力。中小学生的思想品德评价包括对政治法律素养、道德行为素养、劳动素养等几个方面的评价。

1. 政治法律素养

对于政治法律素养的评价，主要包括政治思想和法律意识的考查。观察学生是否具有强烈的爱国热情；是否具有民族自豪感和责任感；是否具有一定的法律意识；是否能够严格律己。具体行为要求：热爱祖国，热爱人民，热爱中国共产党；遵守法律法规，不断增强法律意识；遵守校规校纪，遵守社会公德；热爱科学，努力学习，勤思好问，乐于探究，积极参加社会实践和有益的活动。

2. 道德行为素养

对于道德行为素养的评价，依据《中小学生守则》、《学生日常行为规范》等，着重考查学生的遵守情况。关注学生的实际表现，看其能否自觉地按照最基本的道德准则和行为规范选择道德行为，在思想和道德观念上是否具有初步辨别是非的能力，坚决抵制不道德的行为。具体行为要求：孝敬父母，尊敬师长，礼貌待人；热爱集体，团结同学，互相帮助，关心他人；富有同情心；诚实守信，言行一致，知错就改，有责任心。

3. 劳动素养

对于学生劳动素养方面的评价，主要关注学生的生活习惯。好的生活习惯能够帮助一个人形成良好的品行。具体行为要求：积极参加劳动，不怕脏累，做到自己能做的事自己做；珍爱生命，热爱大自然，爱护生活环境，讲究个人卫生；自尊自爱，自强自信，勤劳独立，文明健康。

(二)学业成绩

中小学教育教学目标要求学生掌握一定的基础知识和基本技能，达到各门学科的课程目标。学业成绩是用来考核学生是否达到目标的重要指标。学业成绩的评价包括各门学科的学习效果以及在学习中获得的学习能力等。评价学科的学习效果可以通过课堂的问答、课后的讨论、作业的批改或各种测验的形式，主要内容涵盖各门学科知识技能的掌握和应用。学习能力包括学生的认知能力、发现能力、实践能力、创新能力、自学能力等。评价学生的学习能力主要看学生是否具有敏锐的观察力、良好的记忆力；是否善于发现问题、提出问题；是否勤于动脑，善于想象，敢于创新；是否具有解决问题的能力。学生的学习效果在一定程度上能够反映出学生所具备的学习能力和方法，因此，评价学生的学习能力和方法往往需要借鉴对学习效果的评价结论。

（三）身心素质

身心素质的评价包括体质健康和心理健康两个方面。

关于体质健康，国家制定了中小学学生体质健康标准，用于测量不同年龄段学生体质健康状况和锻炼效果。体质健康的评价涵盖了人体形态、机能、身体素质和运动能力的多个指标的测量。教师可以根据每个学生的个体差异，对于不够理想的指标，进行有针对性的锻炼，鼓励学生积极参加体育锻炼，养成良好的锻炼习惯，不断提高每个学生的体质健康水平。世界卫生组织认为，一个人只有在躯体健康、心理健康、社会适应良好和道德健康四方面都健全，才算是完全健康的人。儿童心理健康是指儿童整个心理活动和心理特征的相互协调、适度发展、相对稳定，并与客观环境相适应的状态。[1]儿童时期是培养心理健康素质的重要时期，心理健康评价越来越受到教师和家长们的重视。具体评价内容主要表现在以下几个方面：[2]

1.正常的智力发育。个体的智力发展水平能够与其实际年龄相符合；有较强

[1] http://baby.rayli.com.cn/baby/2010-07-21/L0010004001_745598.html.

[2] 儿童心理健康标准 [N]. 长春日报, 2006 年 4 月 30 日第 006 版, 保健家居.

的是非判断能力、认知能力和解决问题的能力。

2.稳定的情绪控制。生活中尽管会有悲哀、困惑、沮丧等不良情绪的影响，但不会持续时间太久；能够适时地调整自己的情绪，保持正常心态。

3.和谐的人际关系。待人友善、宽容；尊重和理解他人，乐于帮助别人；善于发现别人的长处，取长补短；多与人沟通合作。

4.健全的个性特征。性格开朗、坦诚、勇于负责、正视困难；并且能对自己的个性倾向和个性心理特征进行有效控制和调节。

5.较强的心理承受力。遇到挫折和失败，有承受能力，不会失去自信心；正确面对困难和打击，对生活充满信心。

6.正确地自我评价。能够正确评价自己的优点和不足；了解自己的兴趣、特长；清楚自己存在的价值，有符合实际的理想。

7.较快地适应环境。适应环境迅速；接受新事物、新概念较快；思想和行动能与时代同步。

（四）情感发展

关注学生的情感、态度与价值观的培养与评价，有利于学生素质的全面提高和人格的完善。《基础教育课程改革纲要(试行)》将情感、态度与价值观列入各学科的课程改革目标中，并制定了学习兴趣、科学求知欲、科学探究勇气、战胜困难的信心与决心、科学态度、合作与交流精神、科学技术与社会的观念、责任感与使命感等七条培养目标。要求教师关注学生情感、态度与价值观的培养与评价。科学的评价对促进"情感态度与价值观"目标的形成和发展将起到很好的导向作用。传统的纸笔测验中，情感、态度与价值观是很难直接进行测量的。但作为新课程的一个重要目标，应该得到应有的重视。关于情感发展方面的评价内容主要包括：

1. 情感态度

情感是人对客观现实的一种特殊的反映形式，它总是伴随着人对客观现实的认识过程发生和发展，同时又反作用于人的认识过程。情感的发展直接影响人的认知态度及行为，对中小学生尤为重要。情感态度不仅指学习的兴趣和态度，更重要的是乐观向上的生活态度、求实创新的科学态度、宽容豁达的人生态度。

2. 价值观

价值观是指一个人对周围的客观事物(包括人、事、物)的意义、重要性的总评价和总看法。一方面表现为价值取向、价值追求，凝结为一定的价值目标；另一方面表现为价值尺度和准则，成为人们判断事物有无价值及价值大小的评价标准。价值观是决定人的行为的心理基础。价值观不仅强调个人的价值，更强调个人价值和社会价值的统一；不仅强调科学的价值，更强调科学的价值和人文价值的统一；不仅强调人类价值，更强调人类价值和自然价值的统一，从而使学生内心确立起对真善美的价值追求以及人与自然和谐和可持续发展的理念。

三、学生评价目标体系

学生评价目标规定了学生在接受教育过程中和阶段性教育结束后，应获得的知识、能力、情感、态度等方面发展和变化的规定和要求，它是确立评价内容和实施评价工作的依据。学生评价目标应充分体现国家的教育目标和学校的培养目标，以学生的全面发展为最终目标，主要包括学科学习目标、基础性发展目标和情感态度与价值观目标。

(一)学科学习目标

以教育部制订的各学科国家课程标准为依据。国家课程标准是教材编写、教学、评估和考试命题的依据，是国家管理和评价课程的基础。学科学习目标是教师和学生开展学科学习活动预期要达到的结果，是学科学习活动的出发点和归宿，是评价学生的重要依据，也是评价学科教学活动成效的重要依据。学科学习目标主要体现在学科课程标准对本学科学习所提出的要求。

但需要注意的是，在实际的教育教学中，学科学习目标和基础性发展目标很难截然分开进行，也没有特定的课程来培养和专门促进基础性发展目标的发展。通常基础性发展目标蕴含在学科学习中，与学科学习目标同步发展，而且也常常融合在一起进行评价。

学生学科学习目标主要体现在学科课程标准对本学科学习所提出的要求。各学科课程标准已经列出本学科学习的目标和各个学段学生应该达到的目标，并对评价方式提出了建议。下面以《义务教育阶段国家数学课程标准》的总体目标为例，展示国家学科课程标准对学生学习提出的要求。

1.知识和技能：能解决简单的问题；经历探究物体与图形的形状、大小、位置关系和变换的过程，掌握空间与图形的基础知识和基本技能，并能解决简单的问题；经历提出问题，收集、整理描述和分析数据，做出决策和预测的过程，掌握统计与概率的基础知识和基本技能，并能解决简单的实际问题。

2.数学思考：经历运用数字字母图形描述现实世界的过程，建立初步的数感和符号感，发展抽象思维；丰富对现实空间及图形的认识，建立初步的空间观念，发展形象思维；经历观察、实验、猜想、证明等数学活动过程，发展合情推理能力和初步的演绎推理能力，能合理、清晰地简述自己的观点。

3.解决问题：逐步学会从数学的角度提出问题、理解问题，并能综合运用所学的知识和技能来解决问题；形成解决问题的一些基本策略，体验解决问题策略的多样性，发展实践能力与创新精神；学会与人合作，并能与他人交流思维的过程和结果，逐步形成评价与反思的意识。

4.情感和态度：能积极参与数学活动，对数学有好奇心与求知欲；在数学学习活动中获得成功的体验，锻炼克服困难的意志，建立自信心；认识数学与人类生活的密切联系及对人类历史发展的作用，体验数学活动充满着探索与创造，感受证明的必要性、证明过程的严谨性以及结论的确定性；形成尊重客观事实的态度以及独立思考的习惯，能够进行合理的质疑。

（二）基础性发展目标

对中小学生进行基础性发展目标评价，是基础教育课程改革的基本要求，是促进学生全面发展的重要举措，也是衡量学生是否达到毕业标准和高中阶段学校招生的重要依据。实施初中学生基础性发展目标评价要以科学发展观为指导，以促进学生全面发展为目标，科学评价学生的发展水平，关注学生的发展趋势，淡化评价的甄别与选拔功能，发挥评价的激励与促进发展功能，促进学生健康成长。

根据《教育部关于积极推进中小学评价与考试制度改革的通知》，学生基础性发展目标涉及学生个体全面发展的基本素质，主要包括：道德品质、公民素养、学习能力、交流与合作能力、运动与健康、审美与表现等。具体评价内容及标准如下：

道德品质：爱祖国，爱人民，爱劳动，爱科学，爱社会主义；遵纪守法，诚实守信，维护公德，关心集体，保护环境。

公民素养：自信，自尊，自强，自律，勤奋；对个人的行为负责；积极参加公益活动；具有社会责任感。

学习能力：有学习的愿望与兴趣，能运用各种学习方式来提高学习水平，有对自己的学习过程和学习结果进行反思的习惯；能够结合所学不同学科的知识，运用已有的经验和技能，独立分析并解决问题；具有初步的研究与创新能力。

交流与合作能力：能与他人一起确立目标并努力去实现目标，尊重并理解他人的观点与处境，能评价和约束自己的行为；能综合地运用各种交流和沟通的方法进行合作。

运动与健康：热爱体育运动，养成体育锻炼的习惯，具备锻炼健身的能力、一定的运动技能和强健的体魄，形成健康的生活方式。

审美与表现：能感受并欣赏生活、自然、艺术和科学中的美，具有健康的审美情趣；积极参加艺术活动，用多种方式进行艺术表现。

（三）情感态度与价值观目标

1. 能保持对自然界的好奇，初步领略自然现象中的美妙与和谐，对大自然有亲近、热爱、和谐相处的情感。

2. 具有对科学的求知欲，乐于探索自然现象和日常生活中的物理学道理，勇于探究日常用品或新器件中的物理学原理，有将科学技术应用于日常生活、社会实践的意识。乐于参与观察、实验、制作、调查等科学实践活动。

3. 在解决问题的过程中，有克服困难的信心和决心，能体验战胜困难、解决问题时的喜悦。

4. 养成实事求是、尊重自然规律的科学态度，不迷信权威，具有判断大众传媒是否符合科学规律的初步意识。

5. 有将自己的见解公开并与他人交流的愿望，认识交流与合作的重要性，有主动与他人合作的精神，敢于提出与别人不同的见解，也勇于放弃或修正自己的错误观点。

6. 初步认识科学及其相关技术对于社会发展、自然环境及人类生活的影响。有可持续发展的意识，能在个人力所能及的范围内对社会的可持续发展有所贡献。

7. 有将科学服务于人类的意识，有理想，有抱负，热爱祖国，有振兴中华的使命感与责任感。

第二节 教师评价学生的理念

教师能否有效地评价学生，前提是要有正确而坚定的理念做基础。教师评价学生的基本理念主要包括先进的学生观和科学的评价观。这两个理念决定了教师在评价学生的过程中将使用的方法和艺术，同时也决定了最终的评价结果及评价所带来的影响效应。

一、先进的学生观

学生观是指教育者对学生的本质属性及其在教育过程中所处位置和作用上的基本看法，它支配着教育行为，决定着教育者的工作态度和工作方式。对教师而言，学生观就是如何看待学生在教学中的参与作用及学生的个体特征。教师只有清楚地认识和对待自己的学生，才能针对每一个学生设定不同的教学方案，正确地使用教学方法，更高效地完成教学活动。

1. 学生主体性

关于学生的主体性问题，教育史上主要有两派不同的主张，分别是教师中心论和学生中心论。教师中心论以德国教育家赫尔巴特为代表，他认为在教育过程中，教师是绝对权威的，强调发挥教师对教学过程的绝对支配作用。学生中心论以美国教育家杜威为代表，他把学生的发展看作是一种自然的过程，主张学生在做中学，而教师只能去引导学生的兴趣，满足学生的需要而不能多加干涉。这两种观点都过于片面，引起很多教师认识的偏差，也使学生的主体性不能很好地发挥出来，不利于教与学的开展。

教师在教学及评价活动进行之前，必须正确认识学生的主体性问题。教师和学生是构成教学活动的两大重要因素，师生关系一直是很多学者研究的重要话题。在现代课堂中，教师不再以讲授为主，而是根据学生的发展需要，帮助他们学会发现、学会理解、学会创造。学生不再压抑着自己的兴趣顺从教师的固定模式的教学安排，而是由教师引导及调动积极主动性，从而使学生参与教学活动中，这样更有利于教学活动目标的达成。除此之外，教学中教师对学生的评价应该为教学服务，为促进学生的发展服务，这也正体现着以学生发展为中心的理念。

2. 个体差异性

学生是具有个体差异性的，美国著名的心理学家霍华德·加德纳教授提出多元智能理论，他认为每个人至少都有八种智能，包括语言智能、数理逻辑智能、音乐智能、身体运动智能、空间智能、人际关系智能、自我反省智能和自我观察智能，并且这八种智能在每个人身上存在的方式、程度均不同，使得每个人的个性潜能都有着不同的发展方向。

学生是独立的个体，应该有自己的主见，有自己的选择，对事物有一定的判断能力。学生对各门知识的偏好，教师应该给予理解和尊重，不要轻易打击学生的积极性。教师应及时发现每个学生的特长，并给予充分的肯定，增强学生的自信心和进取心。同时，学生也是自由发展着的人，有着无限的发展潜能。学生在某些方面的表现不尽如人意，教师应该相信这些只是暂时的现象，"差生"不会永远"差"下去，只要教师学会用恰当的评价手段，学生的潜能一旦被开发出来，他将具有无限的进步空间。

因此，教师在教育和评价学生时应充分考虑到每个学生所具有的不同特性，针对学生不同的智能特长选择正确的评价方法、评价角度，真实公正地反映出学生的发展情况，促进学生个性化发展，使学生更自觉地弥补自身的不足，更主动地争取素质的全面发展。

二、科学的评价观

评价是教育的一种辅助方法，是对受教育者思想、技能发展方向的一种有效控制手段。[1]教师应持科学的评价理念对学生的主动、全面发展提供有效的控制。

1. 真实性评价观

教师对学生的评价不能脱离学生的真实生活、学习环境而孤立进行。对学生进行评价时，教师应充分考量其所处的社会文化背景及现实生活环境，并对其真

---

[1] 冯天宝. 浅议教师对学生的评价观 [J]. 中国校外教育（理论），2007（02）：66.

实发生的实践活动和创造性活动进行评价，即真实性评价。学生个体的发展是不能脱离真实环境而存在的，他是在一定的社会文化环境及家庭背景影响下得到促进的。真实性评价观主要表现在以下几个方面：第一，评价情境要真实。教师对学生的评价应该在其各自独特的情境中进行，以便反映学生的独特表现。多元智能理论认为，个体都有其独特的智力特点和表现形式，只有在与之相应的不同情境之中，这些智力特点和表现形式才更能表现出来。第二，评价标准要真实。教师对学生的评价应该以现实生活中真实社会角色为参照标准进行，使学生的行为表现有真实的参照对象，这样的评价结果将对学生自身的发展有促进的作用。第三，评价内容要真实。评价的内容应与学生的学科情境相关联，比如音乐测试的内容要偏重于学生在实际操作中的解决问题能力和创造能力的评量，只有这样我们才能在特殊情境中评价出他们的真实能力发展情况。第四，评价方式要真实。教师评价学生的方式要真实，只有这样才能够在自然状态下捕捉到学生能力的真实表现，并客观地评价学生的发展状况。

2. 发展性评价观

学生的智力增长和价值观的形成是一个动态的发展过程。每个学生个体都有各自的发展潜能，在不同环境和教育的影响下，他们所具有的潜在能力会得到不同程度的激发并且持续发展。因此，教师对学生的评价应该运用发展的观点进行动态的分析，即发展性评价。发展性评价观主要体现在三个方面：第一，教师评价学生的最终目的是促进学生的发展。将教育评价目的由甄选转变成改进和发展，是评价制度的重要改革。教师可以通过评价对学生的进一步发展提供可行性建议，从而促进他们的高效发展。第二，教师对学生的评价应体现学生的动态发展过程。比如，国内外专家非常关注的成长档案袋评价体现了对学生发展过程的评价，能够使学生随时掌握自己的进步与不足，及时改进学习策略，以提高解决实际问题的能力。第三，教师对学生的评价结论要具有发展性。学生的成长是需要发展过程的，教师不应根据学生某一次的表现对其做出优等生或差生的评定，这种结论具有片面性，不利于学生的成长。

3. 多元性评价观

多元性评价观有利于教师从多角度对学生个体进行评价，使评价结果更全面、更客观。多元性评价观主要表现在三个方面：第一，教师应综合多方面评价主体的评价结论，对学生做出全面有效的评价。除教师以外的多元化评价主体包括学校、家长、社区和学生自身，它能够提供给教师观察学生个体的多元化视角，从多个渠道获得有关学生发展的较为全面的信息，从而对学生进行全面和客观的评价。第二，教师对学生的评价内容应该多元化。学生的成长和发展是多方面的，不仅包括传统的课业学习，还包括思想成长、心理素养的提高、情感价值观的完善等，我们应该重视对学生个体的多方位评价。第三，教师对学生的评价方法应该多元化。教师可以根据实际需要采用不同的评价手段，如成长档案袋、实践报告、学生思想状况核查表等。通过这些评价方法的使用，教师可以从不同的视角来评价学生的发展情况，更加真实地反映学生发展的全过程。

4. 差异性评价观

每个学生的文化背景、智力发展都有其独特性，有着自己擅长或不擅长的科目，相同科目在不同学生身上的表现方式及发展速度等都具有明显的差异性。因此，教师在评价学生时应尊重并体现学生个体差异性，避免因学生的个体差异而造成评价的不公平性和片面性。差异性评价观主要表现在以下几个方面：第一，教师评价学生时要充分考虑学生所处的不同社会背景及家庭环境、所特有的价值观以及初步形成的学习经验及学习能力等，这些差异特性带给学生不同的学习经历及学习效果。教师应根据学生的不同情况选择评价手段，力求为每个学生独特的智力发展提供有效的建议。第二，教师评价学生时要充分考虑不同学生的智力表现形式及发展特征，这些差异性可能引起学生偏科、厌学等问题。教师应恰当地使用评价方法及策略，使每个学生都有公平的表现自我与发展自我的机会。第三，教师评价学生的过程，不是简单地横向比较学生之间差异的过程，而是评价每个学生个体发展的进步程度，其目的是为了更好地促进学生的个性化发展。

第三节　教师评价学生的理论依据

一、布鲁姆教育目标分类理论

教育目标(即培养目标)是指所培养的人才应达到的标准，在教育活动中可预期的学习者的发展方向和规格。20世纪五六十年代，美国心理学家布鲁姆等人提出教育目标分类学理论，将教育目标划分为认知、情感和动作技能三个领域进行探讨，每一领域的目标又由低级到高级分成若干层次。这里他所说的教育目标，也就是学习的结果。布鲁姆认为，教育目标分类的方法是不受学生年龄和教学内容所局限的。不论是数学、语文，还是历史、地理，不论是低年级学生，还是高年级学生，都可以把教育目标分类学的层次结构作为框架，加入相应的内容，形成每门学科的教育目标体系。[1]布鲁姆教育目标分类理论具有两大特征：一是具有可测性，便于客观评价。二是目标有层次结构。目标由简单到复杂递增，后一类目标只能建立在已经达成的前一类目标的基础上，从而形成了目标的层次结构。该理论为教育评价提供了重要借鉴和启示。

（一）布鲁姆教育目标分类理论的基本内容

1. 认知领域教育目标分类

认知领域的教育目标分为知识、领会、运用、分析、综合和评价六个层次。

---

[1]　柳海民．教育原理[M]．长春：东北师范大学出版社，2006．

(1)知识：是指对具体事物和普遍原理的回忆，对方法和过程的回忆，或者对一种模式、结构或框架的回忆。所要求的心理过程主要是记忆。这是最低水平的认知学习结果。

(2)领会：是指把握材料意义的一种能力。它可以表现为将材料从一种形式转换为另一种形式，或表现为解释材料，估计未来的倾向。领会超越了单纯的记忆，代表最低水平的理解。

(3)运用：是指将学习过的知识运用到新的和具体情境中去的一种能力，包括概念、规则、方法、规律和理论等的应用，代表高水平的理解。

(4)分析：是指将知识分解为各个组成部分，以表明独立的观念和各部分间的关系，分为要素分析、关系分析和组织原理分析三层含义。分析是为了进一步阐明一个思想或观念，进一步理解知识是如何组织的，因此，它代表了比运用更高的智能水平。

(5)综合：是指将所学知识的各个要素组合起来构成一个新的整体的能力。这是一个对各个片断、部分和要素进行重新加工的过程，把它们组合成过去尚未明显存在过的一个新的式样或结构。如有效地表达自己的意见，创作作品，拟定计划或操作步骤，创造新的学习理论等。

(6)评价：是根据一定的目的、准则去判断材料或方法的价值的能力。它包含以上各层次的行为的某种组合的能力、准则的使用及价值判断的能力，这些准则可以是学生自己确定的，也可以是别人为他们确定的。评价是认知领域目标的最高层次。

2. 情感领域教育目标分类

由于情感领域目标研究的困难以及学校的不予重视，直至1965年，由克拉斯沃尔负责完成的《教育目标分类学，第二分册：情感领域的目标》才公之于世。

情感行为的中心是价值(态度)、兴趣、爱好、欣赏。依据价值内化(指由外在的学习转化为个人内在的兴趣、态度、价值等心理特质)的程度,从低到高分为五级:

(1)接受(注意):属于最基础的价值内化水平,其行为特征是学生对某一现象或刺激(如课堂活动、教科书、文体活动等)表现出愿意接受或注意的倾向。教师的任务是将学生的注意力引向他们所喜欢的、愿意接受的刺激,并维持这种注意。这类目标包括由觉察到愿意接受再到有控制的或有选择的注意。

(2)反应:不仅仅停留在只注意现象,而是主动地积极地注意他们感兴趣的某一部分,其行为特征是学生具有足够的动机与兴趣,主动地做出反应。教师的任务是期望学生积极参与这些活动,并使他们对感兴趣的问题获得满足。这类目标包括由默认的反应(如阅读规定的材料)到愿意的反应(如自愿读规定范围之外的材料)再到满意的反应(如以愉快的心情阅读)。

(3)价值:其行为特征表现为学生能够以自己的价值标准作出价值判断或评价结果。这一层次的行为在信念、态度等特性方面表现出一致性和稳定性,类似于教师所说的"学习态度"。这类目标包括接受某种价值标准、偏爱某种价值标准和为某种价值标准做奉献(如为发挥集体的有效作用而承担义务)。

(4)组织:其行为特征是学生将很多价值认识组合在一起,确定各种价值之间的相互关系,并区分出它们的重要程度,确立主导性价值和一般性价值,形成新的个人的价值体系。这一价值体系在形成的过程中,会随着引进新价值而不断变化。这类目标包括价值的概念化和价值体系的组织化。

(5)性格化或价值的复合:其行为特征是学生已经建立自己的价值观体系,并且这一价值观体系持久影响和控制着个体的行为,形成个体的品性。教学目标着重学生的一般适应模式,如个人的、社会的、情绪的。

3. 动作技能领域教育目标分类

动作技能既包括体育技能,也包括书写技能、实验操作技能、演奏技能、绘画技能等。该领域的目标分类出现较晚，而且出现了不同角度的多种分类。辛普森以职业技术教育为出发点，将动作技能教育目标分为七个层次：

(1)知觉：指运用感官获得信息以指导动作。

(2)定向(定势)：指对稳定的活动的准备。

(3)有指导的反应：指复杂动作技能学习的早期阶段，包括模仿和尝试错误。

(4)机械动作：指学习者的反应已成习惯，能以某种熟练和自信水平完成动作。此阶段的动作模式并不复杂。

(5)复杂的外显反应：指包含复杂动作模式的熟练动作操作。操作的熟练性以迅速、连贯、精确和轻松为指标。

(6)适应：指技能的高度发展水平。学生能修正自己的动作模式以适应特殊装置或满足具体情境的需要。

(7)创新：指创造新的动作模式以适合具体情境。

哈罗以学龄前儿童为视角，将动作技能教育目标分为六个层次：

①反射动作：指学生在无意识和意愿的前提下，对某些刺激做出的反应，表现为随意动作，这是动作行为的必要基础。

②基本—基础动作：建立在儿童身体内部固有的反射是这个层次的基础，以高度形式化和可预测的方式呈现出来，包括各种动作，是一些固有的动作形式，以反射为基础，无须训练。

③知觉能力：涉及动作技能行为和认知行为，是学生在认知、情感和动作技能领域中得到发展的必要条件。

④体能：这是学生在动作技能领域中有效发挥作用所必不可缺的，也是技巧动作发展的基础的一个不可或缺的部分。一个人身体的各系统正常发挥功能，使之逐渐适应所处环境对他的要求。

⑤技巧动作：是指从事复杂动作任务的有效程度，包括要求学习的、被认为复杂适度的各种动作任务，有别于基本动作。技巧动作是由纵、横两个连续体组成的。

⑥有意沟通，即动作沟通：动作沟通是学生动作行为的一个重要方面。每个学习者都形成某种动作风格，同有理解能力的人交流自己的感情体验。

（二）布鲁姆教育目标分类理论对教师评价学生的指导意义

教育目标为学生评价目标的制定提供重要依据。同时，评价目标也应体现教育目标，受到教育目标的制约和影响。学生评价目标不能离开国家的教育目标和学校的培养目标。我国新课程改革强调改变课程过于注重知识传授的倾向，强调使学生形成积极主动的学习态度，使学生获得基础知识和基本技能的过程同时成为学会学习和形成正确价值观的过程。学生在学校中所获得的多方面的成长和发展，都受到教师的关注，教师在对学生展开评价的过程中，会受到教育目标层次结构的影响，由简单到复杂，逐一考查学生是否达到了教育目标中规定的水平。学生评价不仅关注学生认知领域的发展，而且要注重发现和发展学生情感、身心等多方面的潜能。布鲁姆教育目标分类理论从认知、情感和动作三个方面规定了各层次学生应有的学习结果，为学生评价目标的制定提供了较全面的参考依据。

教育目标分类理论中设定的每个行为目标都是可测量的，为客观的评价提供可测的内容。从教育目标分类的三个领域可以看出，它们之间存在一个共性，都是用学生具体的外显的行为来陈述目标。布鲁姆认为，制定目标就是为了促进师生间的交流，从而展开客观的评价。因此，目标必须以学生表现出的具体、外显的行为来做陈述。事实上，只有具体、外显的行为目标才是可评量的。如"理解课文段落之间的关系的能力"、"集中注意教师讲解内容的能力"、"解释实验结果或完成设计方案的能力"等这类教育目标就是可观察、可测量的。

二、多元智能理论

多元智能理论是教师评价学生的重要理论依据之一，它是由美国著名发展心理学家、哈佛大学教授霍华德·加德纳博士在1983年提出的。多年来该理论已经广泛应用于欧美国家和亚洲许多国家的幼儿教育上，并且获得了极大的成功。随着近几年教育改革发展，多元智能理论不仅应用于幼儿园教育，很多国家将其应用于中小学的教育及评价中，获得了很大收益。传统的中小学校一直只重视学生在数学和语文两方面的发展，教学及评价也都集中在这两个方面的研究上，忽视了学生其他方面的智力潜能，存在一定的片面性。人类的智能是多方面的，并以不同的组合方式存在于每一个体中。如演说家的语言智能比较强，会计师的数学逻辑智能比较强，建筑师的空间智能比较强，芭蕾舞演员的身体运动智能较强，公关的人际关系智能较强，作家的内省智能较强等。因此，教师评价学生时应关注学生的多方面的智能，全面掌握学生的发展情况。

（一）多元智能理论的基本结构和内涵

霍华德·加德纳博士指出，人类的智能是多元化而非单一的，主要是由语言智能、数学逻辑智能、空间智能、身体运动智能、音乐智能、人际智能、自我认知智能、自然认知智能八项组成，每个人都拥有不同的智能优势组合[1]。

1. 语言智能 (Linguistic intelligence)

语言智能是指有效地运用口头语言及文字表达自己的思想并理解他人，灵活掌握语音、语义、语法，具备用言语思维、用言语表达和欣赏语言深层内涵的能力结合在一起并运用自如的能力。这种智能在政治活动家、主持人、律师、演说家、编辑、作家、记者、教师等职业上有更加突出的表现。

2. 数学逻辑智能 (Logical–Mathematical intelligence)

数学逻辑智能是指有效地计算、测量、推理、归纳、分类并进行复杂数学运

---

[1] ［美］霍华德·加德纳，沈致隆译. 智能的结构 [M]. 北京：光明日报出版社，2003：72.

算的能力。这种智能包括对逻辑的方式和关系、陈述和主张、功能及其他相关的抽象概念的敏感性。从事与数字有关工作的人特别需要这种有效运用数字和推理的智能，如科学家、会计师、统计学家、工程师、电脑软体研发人员等。

3. 视觉空间智能 (Spatial intelligence)

视觉空间智能强调人对色彩、线条、形状、形式、空间及它们之间关系的敏感性，是指准确感知视觉空间及周周一切事物，并且能把所感觉到的形象以图画的形式表现出来的能力。这种智能在室内设计师、建筑师、摄影师、画家、飞行员等身上有比较突出的表现。

4. 身体运动智能 (Bodily-Kinesthetic intelligence)

身体运动智能是指善于运用整个身体来表达思想和情感，灵巧地运用双手制作或操作物体的能力。具有这种智能的人能够较好地控制自己的身体，对事件能够做出恰当的身体反应以及善于利用身体语言来表达自己的思想。这种智能在运动员、演员、舞蹈家、外科医生、宝石匠、机械师等身上表现突出。

5. 音乐智能 (Musical intelligence)

音乐智能是指人能够敏锐地感知音调、旋律、节奏、音色等的能力，表现为个人对音乐节奏、音调、音色和旋律的敏感以及通过作曲、演奏和歌唱等表达音乐的能力。这种智能在作曲家、指挥家、歌唱家、乐师、乐器制作者、音乐评论家等人员那里都有出色的表现。

6. 人际关系智能 (Interpersonal intelligence)

人际关系智能是指能很好地理解别人和与人交往的能力。这项智能善于察觉他人的情绪、情感，体会他人的感觉感受，辨别不同人际关系的暗示以及对这些暗示做出适当反应的能力。他们适合的职业是：政治家、外交家、领导者、心理咨询师、公关人员、推销人员等。

7. 自我认知智能 (Intrapersonal intelligence)

自我认知智能是指自我认知和自我改进的能力，能够正确把握自己的长处和短处，把握自己的情绪、意向、动机、欲望，对自己的生活有规划，能自尊、自律，会吸收他人的长处，具有喜欢独立思考的能力。这种智能一般在优秀的政治家、哲学家、心理学家、思想家、教育家等那里都有出色的表现。

8. 自然认知智能 (Naturalist intelligence)

自然认知智能是指善于观察自然界中的各种事物，并具有对这些事物进行辩论和分类的能力。具有这种智能的人有着强烈的好奇心和求知欲，有着敏锐的观察能力，能了解各种事物的细微差别。适合的职业有天文学家、生物学家、地质学家、考古学家、环境设计师等。

（二）多元智能理论对教师评价学生的指导意义

多元智能理论在学生评价中被广泛应用，尤其对教师在评价内容的确定、评价方法的选择、各方面资料的收集及实施评价的过程都具有指导作用。

首先，评价内容要多元。多元智能理论认为每个人都不同程度地拥有相对独立的八种智能，评价学生应从多元智能的几个方面全面考查。传统的纸笔测试只能测试出某一部分的智能发展情况，很难对学生的道德、身心、情感价值观等方面的发展进行评价，不利于促进学生的多元智能协调发展。教师在评价学生时，应重视对学生强项的发掘，激发学生的兴趣，进而弥补相对弱项的不足。

其次，评价方法要多元。教师对学生评价时所应用的指标体系及评价方式也应多元化，使学生真正从纸笔测试中解放出来，更加关注对不同学生不同智能发展的测试。根据学生的不同年龄，科目的不同特点设计适合的评价策略。例如：实践操作较多的科目可以采取情境化评价，在预设的情境中考查学生的应变能力、实践能力及创造能力；涉及情感方面的评价可以多采用观察法和交谈法，直接而深入地了解学生的内心发展趋势；艺术作品类的评价可以通过展示、评比等方式对学生加以肯定。

最后,资料来源要多元。教师在评价学生时,要做到公正客观,应尽量多地了解学生的相关信息,通过多种渠道(如其他任课教师、家长、同学及学生本人)获得学生的最新发展情况,全面考量出学生的真实水平。有的时候,学生的某方面智能表现得不是很明显,这就需要教师在得出评价结论之前,有必要从多个侧面去收集资料,经过综合评估,尽可能反映出学生的真实情况。

第四节 教师评价学生的原则

一、教师评价学生的一般原则

在评价学生的过程中,教师应遵循学生评价的一般原则,如客观性、导向性、可行性、发展性、全面性、差异性等。

(一)客观性

客观公正是任何评价活动的最基本的原则。教师对学生的评价必须尊重客观事实,既不能主观臆断、先入为主,导致评价的不公平,也不能一味地鼓励或批评,造成评价的失误,从而使评价失去了权威性和严肃性。

(二)导向性

导向性原则是指教师在评价学生时应坚持科学正确的导向,明确教育目标和学生评价目标,通过评价促进教师的教学和学生的发展向着正确的方向迈进,确保评价结论能够达到预期的正向效应。

(三)可行性

可行性原则是指评价方案的制定要符合实际情况,评价方法简单易行,整个评价过程具有可操作性,评价的实施期间不会受到外界因素的干扰。

(四)发展性

发展性原则是指教师在对学生进行评价时应该以发展的眼光看待问题,改变以往的传统思想，避免以学生一时的成绩来定终身的终结式评价方式。学生是不断发展中的个体，教师进行评价时要充分认识到这一点。

（五）全面性

全面性原则是指教师在评价学生时不应只关注对学生的学习成绩的评价，而忽视了对学生的思想品德、情感发展、身心素质以及价值观的形成等方面的评价。同时，教师在评价中要全面了解学生，依据学生的表现情况做出恰如其分的评价。

（六）差异性

差异性原则是指教师评价学生时应根据学生个体的实际情况，设定评价的内容、方法及标准。不同年龄、不同基础的学习个体没有可比性。在评价之前，教师应充分了解学生的个体特性，对不同个体实施不同方式的评价，以促进每一个学生的不同程度的进步。

二、教师评价学生的实施原则

评价实施中，教师应掌握很多具体的原则，如下：

（一）道德品质评价原则

1. "因人施评、以评促改"的原则

评价学生的道德品质，要因人施评、以评促改。教师对中小学生进行道德评价，必须根据各年级学生的道德认识能力，由浅入深、由初级到高级、由概念到行为制订出不同程度的评价标准，有针对性地对其道德行为加以评价，使学生真正明白什么是对，什么是错，逐步形成正确的观念和行为习惯。教师在平时各项活动中对学生的评价要准确、恰当，要有激励性。特别是对待道德行为差的学生，要善于发现他们的"闪光点"，因势利导，激发他们的道德情感，培养他们的道德意志和信心。教师在评价过程中起到引导作用，对学生的行为进行具体的指导，通过评价促进学生改掉坏毛病，形成正确的道德行为。

2.“公平公正、赏罚有度”的原则

评价学生的道德品质，要公平公正、赏罚有度，既要以激励为主，又要有必要的处罚。比如，教师对于道德行为好的学生犯的错误往往更容易原谅，而对于道德行为差的学生带有主观偏见，这样做出来的评价结果必然会使学生失去自信心。教师的每一句表扬或者批评都要以客观事实为基础，经过充分的调查分析再做出判断，不能为了鼓励学生而只用肯定的评语，那样会使学生误以为自己是正确的，混淆知识；也不能为了强调学生的不足而严词批评，那样会使学生丧失自信。教师在评价学生的过程中，要把握好尺度，尽量在和谐的气氛中指出学生的优点与缺点，使学生容易接受又从中受益。

（二）身心素养评价原则

1.“全面客观、重视潜能”原则

教师对学生体质健康的评价，应遵循“全面客观、重视潜能”的原则。评价的过程中，教师应真实地记录每个学生的体质健康状况，尽量做到全面而准确。教师在评价中起到重要的作用，通过对评价结果的整理和分析，教师对每个学生的体质状况基本掌握，能够及时发现学生的潜能并通过有效的锻炼发展学生的体能，使学生逐渐增强体育锻炼意识，养成良好的锻炼习惯和生活方式。

2.“沟通为主、反思为辅”原则

教师对学生心理健康的评价，应遵循“沟通为主、反思为辅”的原则。中小学生的心理健康问题一直是教师和家长们比较关注的。在评价的过程中，教师应尊重学生、理解学生，通过与学生进行平等的交谈来获得有效信息，作为评价的主要依据。学生的自我反思结论可作为教师评价的辅助依据。

（三）学习效果评价原则

1.“循序渐进，重视进步”原则

教师评价学生的学习效果最基本的方式是测试法。而测试法这种终结性评价

往往不能得到确切的评价结果。学生的进步是一个循序渐进的过程，在整个学习过程中不同学生表现出的对知识的接受程度会不同，随之形成的成长方式也是不同的，因此，学习的效果不能单凭某一次的测试来评定。学生学习的过程评价和进步程度的评价应该作为学习效果评价的重要内容受到高度的重视。

2．"差异对待，区别评价"原则

教师评价学生的学习效果时，应充分考虑学生的特性、差异性，从而得到更加公平的评价结论。在教学中，教师应根据学生的原有基础及兴趣取向的不同实施针对性的培养与评价。例如，对待语言表达能力较差的学生，教师应尽可能给他机会表达，增加对他的提问次数，并配合一定的鼓励性评语，激发他的学习兴趣，促进其语言方面的发展。

（四）情感发展评价原则

1．"关注过程，主体互动"原则

新课改倡导过程性评价，使评价主体互动化，评价方式动态化，评价内容多元化。客观记录学生成长过程，能够避免评价过程中学生积极性受到压抑，全面促进学生个性发展。为了达成"情感态度与价值观"目标，在学生评价中应加强过程评价。如综合实践活动课程的评价主要是形成性评价，评价重点不在于成果的形式和水平，而在于学生在活动过程中情感态度、探究欲望、创新能力、合作能力等方面的进步。引导学生对自己在综合实践活动中的各种表现进行"自我反思性评价"，通过学生的自我检测、反省，找出问题的症结，自主寻求对策。

2．"及时评价，激励为主"原则

在教学过程中，教师应注重在课堂内对学生"情感态度与价值观"目标的及时评价。例如，教师对学生在课堂教学中的强烈求知欲、好奇心以及积极参与、踊跃发言、善于辩论等表现应给予及时的肯定和表扬，"肯定"可以是教师的一句激励性语言，也可以是来自同学们的掌声。有时，一个亲昵的动作、一个鼓励的眼神、一个浅浅的微笑，都会在促进学生"情感态度与价值观"目标的形成和发展方面起到意想不到的效果。因此，老师们大可不必吝啬自己那表扬、激励的话语。评价的成功与否在于它是否能够促进学生的正向发展，而"激励"往往能激发学生的潜能和积极进取的信心。

第五节　教师评价学生的途径方法

评价是一门艺术，在运用过程中要讲究方式方法，要正确恰当地去评价学生。每个学生都有自己的优缺点，教师要善于发现学生的闪光点，多运用激励性的评价，要力求做到既不伤害学生的自尊，又能让其认识到自己的不足，努力让学生在评价的过程中学会正确对待自我。

一、纸笔测验法

（一）纸笔测验法的内涵及分类

纸笔测验法是教师用于学生评价的主要手段之一，是考查学生知识掌握、能力增长或情感发展状况的有效方法。尽管这种评价方式存在很多弊端，但目前仍然是教师在教学过程中或课程结束时最常用又最易操作的学生评价方式。纸笔测验法一般通过命题、测验、评分、分数解释四个步骤完成，测验的结果可作为教师改进教学的依据。

测验，也称考试，是学生评价的重要方法之一。根据测验内容的不同，测验可分为学业成绩测验和心理测验。学业成绩测验是指对学生的知识及能力水平所实施的测验，包括课堂测验、期中考试、期末考试等；心理测验是指对学生心理特征及个别差异实施的测验，包括智力测验、人格测验、能力测验等。根据测验的组织形式不同，测验可分为标准化测验和教师自编测验。标准化测验是指整个测验过程都严格按照一定的标准进行，即"试题编制标准化，考试实施标准化，阅卷评分标准化，分数转化与解释的标准化"。教师自编测验是指由教师个人或学校组织试题编制、考试实施、阅卷评分、分数合成等过程的测验。根据测验的时机不同，测验可分为准备性测验、形成性测验和总结性测验。准备性测验是指在进行某一新的学习任务或工作之前实施的测验，用来了解学生是否具备完成某一新的学习或工作任务所需要的知识和技能，如入学考试等；形成性测验是指在教学过程中实施的测验，用来了解学生目前达到学习目标的程度和情况，如单元测验、课堂测验等；总结性测验是在教学结束时进行的测验，用于了解学生对全部教学内容的完成情况，检查是否达到课程教学标准，如期中、期末考试等。根据试题的类型不同，测验可分为客观性测验和主观性测验。客观性测验一般测量学生对知识的记忆，多以选择题、填空题、是非题和简答题为主，答案唯一，不易产生评分时的误差。主观性试题主要对领会、应用、分析、综合与评价等高层次教学目标进行测量。多以论述、作文、分析等题型为主，评分有一定的标准，但不做统一答案，因此评分时存在误差会稍大。由于相对于客观题来讲，主观题更能够检验出学生个人的解决问题的能力，因此，测验常常会既有客观题又有主观题。根据分数解释的不同，测验可分为常模参照测验和标准参照测验。常模参照测验是以常模为标准来解释测验分数意义的测验，如各种选拔性的测验、升学考试等。标准参照测验是以预先确定的目标为标准来解释分数意义的测验，如高中毕业会考等。

（二）试题编拟要求和基本原则

1. 试题的编拟要求

（1）题型题量的把握

测验的试题一般以客观性试题和主观性试题相结合的方式组成，试题的类型应根据考查的内容和课程的教学目标来进行确定。一般情况下，识记为主的测试点应选择客观性试题的方式考查，领会、应用、分析、综合与评价等高层次教学目标的测试点应选择主观性试题的方式考查。试题的数量应根据具体的考试时间来确定，应确保答题者在规定的时间内能够充分地思考作答。

(2) 试题内容的选择

试题的内容应根据学科教学大纲的要求，尽量覆盖所有的重要知识点。测试点要具有代表性，应选择每一章节的重点内容或重要观点，能够真正考查学生的学习结果，分布均衡，避免因过偏过难而失去考查的意义。

(3) 试卷难度的控制

试卷的难度是试卷质量的重要指标，影响测验分数的分布形态。教师应根据实际的测验目的确定试卷的平均难度，一般的应保持在 0.5 左右，而且每一道试题的难度也应有一个合理的难度梯度，以便对不同水平学生进行有效的区分。试题的难度不宜过大，导致学生不能在规定的时间内完成，同时难度也不宜过小，导致试卷的区分度不高。

2. 命题的基本原则

(1) 测试内容选择要宽泛且典型

试题的编拟是在熟识教材和教学大纲的基础上进行的，教学大纲要求学生掌握一定的知识，达到一定的学习目标，这些反映在测验的试题编拟中，要求试题的内容应囊括教学大纲中的各知识要点，覆盖全面，且不能重复考查，如同一知识点不应在两道题中出现。测试内容的选择不但要覆盖面宽泛，还要具有典型性。试题测量的应是重要的学习结果，如重要的概念或一些重要价值的观点、关键知识的应用等。

(2) 试题的表述要正确且简明

首先，试题的表述要正确无误，切勿出现知识性的错误。这是教师应掌握的最基本的命题原则，如果题目都是错误的，会影响学生对原有知识的掌握，也会影响学生的测试结果。其次，试题的表述要简洁清楚，试题的表达不宜过于复杂，确保学生正确地理解题目的含义即可，切勿为了让语句华丽而使用难懂的词语或否定类词语。再次，试题的用词要准确，表述要完整，切勿出现模棱两可的状况。

（三）试卷分析及结果反馈

试卷的质量好坏直接影响测验的有效性，因此，测验结束后，教师应对试卷的质量做深入的分析，主要包括试题的难度、区分度、信度和效度，为下一次命题积累经验并提供参考依据。试题的难度是指测验试题的难易程度，是指试题答对人数占总人数的百分比例。如果大部分人都答对了，说明该试题难度较小，反之则难度较大。一般测验的平均难度应在 0.5 左右为宜，有特殊测验目的的，可根据实际需要调整测验的难度。试题的区分度是指测验试题对测验对象的实际水平做出区分和鉴别的能力程度。如果测验能够将不同水平的学生区分开，就说明这个测验的区分度较高。试题的信度是指测验结果的可靠性和一致性程度。如果测验对同一组学生先后两次测验的结果是一致的，那么说明该测验的信度较高。试题的效度是指测验达到测验目的的程度，即测验的有效性。

此外，测验结果的有效利用是不容忽视的。教师在实施纸笔测验法对学生进行评价的过程中，往往更加重视命题和考试阶段，而忽视考试结果的反馈。教师常常简单地将学生的考试成绩排名公布出来，在期末的家长会上进行总结式的表扬和批评，这种处理方法不仅使测验的目的难以达到，而且更加重了家长和学生的负担。新课改提倡以评促教、以评促改、以评促发展，教师应重视评价的反馈功能，对测验的结果做出具体的分析，并对以下几个方面做出积极的反馈：

第一，将测验结果反馈给自己。每个考点的得分率不仅能反映学生的水平，也能反映出教师的教学效果。教师应认真分析考试反映出的教学问题，总结经验和教训，为接下来的教学提供改革的方案。

第二，将测验结果反馈给家长。教师应该和家长保持有效的沟通，及时将学生的情况反馈给家长，使家校有机合作，促进学生健康成长。

第三，将测验结果反馈给学生。考试的结果能够反映出一段时间内学生的学习效果，应该重视但不能过于重视。教师应重点分析学生进步或退步的原因，为学生今后的学习提出建议。

二、表现性评价

（一）表现性评价的内涵

表现性评价最早运用在心理学领域和企业管理领域，20世纪90年代以后在教育评价领域迅速发展，成为国外普遍流行的学生评价方式之一。近十年来，美、英、加等国的教育评价与心理测量学家及教育领域内的学科专家在理论探索的同时，已经参与到数十个表现性评价的研究项目中，这些项目包括小学科学课程的动手实验和正在进行的、大规模的写作与档案评价。美国的许多州，如马里兰、加利福尼亚、佛罗里达、马萨诸塞等都在省际的学生写作能力、数学能力、科学能力的质量评价中采用了这种方法。

表现性评价就是教师让学生在真实或模拟的生活情境中运用先前所获得的知识解决某个问题或创造某种东西，以考查学生知识与技能掌握的程度，以及实践、问题解决、交流合作和批判性思考等多种复杂能力的发展状况。[1]评价时教师可以根据事先预定的评价标准来评价学生的行为表现，评价目的不是给学生分等级，而是便于评价者通过观察，记录学生的行为表现，对学生已掌握的知识内容、技能水平以及情感给予评价。它是通过完成一些实际的任务，诱导出学生的真实表现，以此评价学生掌握和运用知识与能力的方法。表现性评价的形式可以有多种，主要包括建构式反应题、书面报告、作文、演说、操作、实验、资料收集、作品展示等。

根据表现性任务展示的形式，可以分为纸笔表现性任务和非纸笔表现性任务。

---

[1] 教育部基础教育司、教育部师范教育司普通高中新课程研修手册——新课程与学生评价改革[M]. 北京：高等教育出版社，2004：69.

纸笔表现性任务是指一些需要书面表达的表现任务，如改进的选择题、两步式问题、简短的问答题、用纸笔模仿实际情境的问题等。非纸笔表现性任务是指如技能展示、作品成果、调查研究、实验操作等不需要书面表达的表现性任务。教师在实际应用中应灵活选择有助于教学任务完成的表现性任务，展开评价活动。

根据完成任务的真实性，可以分为模拟的表现性任务和真实的表现性任务。

表现性评价可以划分为限制型和扩展型两种，这种分类是根据表现性评价任务在表现中所受限制的程度来划分的。[1]限制性的表现任务通常描述得很明确，比拓展性的表现性任务的结构更强，所预期的表现更加明确。它可以从一道改进的选择题或填空题开始，对它们呈现的问题而言，比传统的测验题更加真实；就判断正确答案要求的思维能力而言，也更具有挑战性。通常要求学生解释或者判断答案，或者追问，使对答案的解释得到拓展，有时是解释为什么没有选择其他的答案。限制性的表现任务一般是对某一知识领域的基本概念、程序、关系以及技能所进行的相对简短的评价，易用于课堂教学评价活动中。[2]

扩展型表现任务则相对较复杂，对任务完成的限制也较少，完成任务过程中更多地涉及多种技能或能力以及较复杂的认知过程，一般包含了对理解能力、问题解决等深层能力的评价。扩展型表现任务要求学生在任务本身所提供的信息基础上，从不同渠道去查找信息。要鉴别哪些资料与任务最为相关，哪些资料是最有价值的，是可以利用的。他们查找信息的过程与程序，教师都要做好观察和记录，这是评价的一个重要内容。这一过程产生的结果可以有不同的呈现形式，如图表的设计与呈现、照片或画图的使用、模型的建构等。这种自由能够使学生充分证明他们选择、组织、融合以及评价信息和观点的能力。

[1] RobertL.Linn&Norman E.Gronlund，国家基础教育课程改革"促进教师发展与学生成长的评价研究"项目组译．教学中的测验与评价 [M]．北京：中国轻工业出版社，2003：178-184.

[2] 邹丽华．表现性评价探析 [J]．大连教育学院学报，2007（12）：75-76.

实际应用中，教师可以根据需要择优选用限制型或扩展型任务，也可以尝试将两种任务结合起来使用。如一道以选择题开始的限制型表现任务，选择完答案后可以通过让学生解释为什么选择该答案而进行扩展，或者是解释为什么没有选择其他的答案加以扩展。这样就可以知道学生选择了正确的答案，到底是因为一种合适的理由，还是出于一种简单的猜测。[1]

芬奇和玛西娅将表现性评价任务的类型分为六种，分别是两步式问题、类似于多项选择测验的问题、简短的回答和问答题、用纸笔模仿实际情境的问题、模仿环境下的表现、真实环境下的表现。[2]

1. 两步式问题。学生可以选择一个答案，然后对自己的选择做出解释。

2. 类似于多项选择测验。不同于多项选择测验的是要求学生自己给出一个简短的、多重考虑的答案。通常只有一个答案和一个单一的理由。

3. 简短的回答、问答题。要求清楚地说明表现性任务的要求，整个任务的背景要完全适合学生的水平，允许有不同形式的正确的答案。

4. 用纸笔模仿实际情境，实际情境中有的都可以出现，以模仿的实际情境作为学生反应、回答的依据和基础。

5. 学生被置于一个模仿实际情境的环境下，完成表现性任务，同时评价者对学生的表现做出评价。

6. 学生在真实地完成任务时被评价。比如学生在完成实验操作时对学生的评价、车间工人在操作机床时对操作者的评价。

（二）表现性评价的主要形式

在中小学教学任务情境下常用的表现性任务有开放式考试试题、口头表述、模拟表演、演示、调查及作品展示等。

---

[1] 一帆. 表现性评价 [J]. 教育测量与评价（理论版），2011(10)：64.

[2] Finch.F.L., Dost Marcia A：《Toward an Operationanal Definition of Educational Performance Assessments》[J]. 《ERIC Digest》，1992(06).

1. 开放式考试试题

开放式考试试题是一种表现性的纸笔测验，包括常规的简答题、论述题和命题作文等，考核学生的开放性思维。

例如：

题1：苏州某旅游景点有一则告示，上书：

> 除了你的脚印，什么都别带走；
>
> 除了你的记忆，什么都别留下。

这则告示告诉游客的主要意思是什么？它写得好不好？请说说你的看法。

题2：在下列语句间连线，使之构成四副对联：

黑发不知勤学早　　　　　水淡性泊是吾师

无边落木萧萧下　　　　　白首方悔读书迟

四面荷花三面柳　　　　　不尽长江滚滚来

竹直心虚乃吾友　　　　　一城山色半城湖

2. 口头表述

口头表述是指让学生通过"说"或"唱"来表现出他们所掌握的知识与技能的方式。

例如：音乐课中的试唱，学习目标在于唱歌的技能表现；外语口语课上的口试，学习目标在于学生的口语表达；语言课中的会谈、演讲、辩论，集中表现学生的语言表达能力、交流能力和逻辑争辩及说服技能；课堂上的问题回答，表现学生的反应能力。

3. 模拟表演

模拟表演是模拟一个历史场景或现实情境，扮演其中某个人物，并将人物的个性特征及思想定位通过表演的形式表现出来。学习目标是提高口语及肢体语言

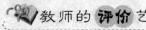

表达能力、想象力及表现力等。例如：对白表演、戏剧表演、场景小品等。

4. 演示

学生通过演示能够使用知识与技能来按要求完成一件复杂的任务。这一任务需要有一套特定完整的完成方式和演示过程，只需要学生按步骤完成即可，考核的是学生的实践操作技能，注重运用能力实践的效果。例如：学生使用仪器设备做化学或物理实验；在图书馆或因特网上查找信息；在体育课上演示怎样爬绳。

5. 调查

调查是一种按要求做出的能力表现，学生从中计划、实施及解释经验研究的结果。研究集中于回答具体的问题或调查具体的研究假设。调查可以评价学生是否运用了适当的探究技能与方法，还可以评价学生是否形成了适当的观念框架及对所调查现象是否形成一种理论性的、基于学科知识的解释。为评价这些能力，应要求学生在开始收集数据前做出估计与预测，而后收集、分析数据，展示分析的结果。接下来在所收集证据的基础上得出结论并进行论证。此外还要陈述其假设并能识别其方法或数据中可能的错误。最后要能有效地交流调查的结果。

例如：

若要评价学生的调查研究能力，可以向学生布置下面的真实性任务，而后进行评价：

电视台决定要制作一周让中学生感兴趣的电视节目，他们需要得到你的帮助。你和你的朋友喜欢什么样的电视节目？你认为你的朋友们都看什么电视节目？请你设计一个调查研究方案并实施调查。在此基础上，撰写出一篇调查报告，而后寄给电视台。

6. 作品展示

作品展示被应用到教育领域的表现性评价中，是指对学生作品的陈列与展示，用于评价出学生的最佳作品，或者向家长或社会展示学生在一定时期内的教育成长过程。作品展示不仅仅是学生所有作品的集合，放进选集的只限于那些最佳的服务于作品选集目的的作品，其中往往还包括判断优秀作品的标准、学生对作品的修改及对作品的自我分析与反思。

（三）实施过程

1. 明确评价目标

教师在开展表现性评价活动之前，首先要明确评价目标，且应体现知识与技能，过程与方法，情感、态度与价值观三大课程目标的要求。表现性评价的根本目标是培养学生各方面的实际技能和能力，如过程与方法、探索能力、合作能力、综合能力、解决实际问题能力等。[1]确定评价目标要注意几点：一要考虑评价的实施者和评价的用途，二要使评价目标具体化，三要体现学生的学习目标。

2. 制定表现性任务

表现性任务是评价活动的关键，它的制定直接决定了教学内容和评价方向。根据表现性评价目标，确定合适的表现性评价任务。制定表现性任务应该考虑几个方面的因素：与教学的关联性、与儿童实际生活的关联性、与学生发展水平的匹配性、公平性、可行性、可评分性。[2]一个好的表现性评价任务应该是可行的、有趣的，不局限于课堂，能够使学生有机会应用所学的知识和技能，并且能够促进学生高级思维能力的发展。[3]

3. 确定评价规则

表现性评价规则指明了教学要达到的目标和水平，是评价实施的依据。评价

[1] 邹丽华．表现性评价探析 [J].大连教育学院学报，2007（04）:75-76.

[2] 黄丽娟．表现性评价在小学数学学业评价中的运用 [D].2007 年 5 月硕士论文．

[3] 邹丽华．表现性评价探析 [J].大连教育学院学报，2007（04）:75-76.

规则至少有三个方面的特点：一是评价规则中要包含用来决定学生反应质量的各种指标；二是对于每一条评价标准，学生反应的质量区别到底如何表现，评价规则中要有具体的描述；三是评价规则必须说清楚，其标准是以整体评分法的形式使用，还是以分项评分法的形式使用。[1]

4. 评价与反馈

有了明确的目标、可行的任务和合理的规则之后，评价与反馈将成为整个评价过程的核心。根据评价规则对学生在完成表现性任务中的行为表现进行评定，通过评价，考查学生的行为表现符合目标及规则要求的程度，反馈给教师和学生个人。通过测评使教师能够及时了解学生知识与技能的掌握程度，随之调整教学内容和教学方法，也使学生能够反思自己的认知方式、思维方式在处理不同问题时的优势及不足，进而调整自己的学习行为。

（四）实施表现性评价的意义

首先，实施表现性评价能够较全面地评价学生的发展状况。传统的纸笔测验无法对学习过程方法以及情感态度等做出评价，表现性评价弥补了传统评价方法的缺陷，学生的观察能力、收集信息能力、动手操作能力、口头语言的表达能力、与他人的交流合作能力和运用所学知识解决有意义的现实问题的能力，也都可以通过在真实情境中的表现性任务得到最好的评价。

其次，实施表现性评价能够促进学生的全面发展。表现性评价将评价融入于教学当中，使教师和学生在评价过程的指导下不断改进、不断学习。表现性评价的实施有利于学生知识、能力和水平的协调发展。通过表现性评价，学生能够发现自己的才能、能力和兴趣所在，并在课堂外的客观世界中学会如何应用这些才能。

---

[1] W.James Popham，国家基础教育课程改革"促进教师发展与学生成长的评价研究"项目组译．促进教学的课堂评价 [M]．北京：中国轻工业出版社，2003.

案例3-1 美国派纳中学的文学问题研讨[1]

以下是一个在课堂层面实施的苏格拉底式研讨的案例——美国派纳中学的文学问题研讨，研讨的主题是从大繁荣到大衰败成就展示。

1. 学习目标

中学毕业生对 20 世纪二三十年代应了解什么？

了解我们过去的一种最愉悦的方式是通过文学。写于这一时期和关于这一时期的诗歌、故事与小说，表达出对亲历这一动荡年代的人们的生活的感受和理解。咆哮的 20 年代的摩登女郎是什么样子？在大萧条时期，当他们奋力挣扎度过金融危机时，家庭会发生什么事情？当我们阅读的时候，我们对美国历史的一团团疑惑就得以理顺。

2. 任务

为了这次成就展示，你需从列出的四五本书中选择阅读至少一本写于或关于二三十年代的小说。你将在与阅读过同一本书的同学进行的苏格拉底式问题研讨中公开展示自己从阅读中学到的东西。苏格拉底式问题研讨的目的是细致地、深思熟虑地检查文本，扩展我们对本书及其所描绘的时代的理解。积极主动地参与过问题研讨后，你要写一篇短文，为你对该书核心问题的观点立场进行辩护。

从列出的书单中选择一本或两本你最感兴趣的书。

每天都将你的书带到课堂上来，并在所提供的时间阅读。

用你的记录本，记下你的想法和问题，并将其与老师和同学交流。

参加关于该时代的诗歌和短篇小说的问题研讨练习，以获取信息并掌握此程式中讨论问题的技能。

完成所有专为帮助你更好地理解你所选择阅读的书本而设计的班级活动。

在安排好的问题研讨日期前，阅读整个文本并在重要的页面上用符号作标记。

---

[1] 周文叶. 学生表现性评价研究 [D]. 华东师范大学 2009 年 4 月博士论文.

积极主动地参与为你所读之书安排的正式的苏格拉底式问题研讨。

提出问题，表述见解，以你的阅读中的证据维护你的观点。

阅读书本、参与问题讨论之后，以你对问题研讨启始问题和文本讨论的回答为基础，清楚地讲述你的论题。

写一短文，探究你的论题。

说明：问题研讨和短文是获得学分所必需的。

3. 评分规则

派纳中学的文学问题研讨主要关注问题研讨和短文的评价，本质上同时关注到学生的活动过程和结果或产品。关于问题研讨和短文的评分规则如下表。

表 3-1　问题研讨评分规则

口头参与	1. 用书中的证据说明问题。举出书中的例子、页数和人物支持你的回答。所做评论表明学生已读过并理解此书，且在书本和问题研讨所产生的观点间建立了联系。 2. 在问题研讨中做出相关评论，表现出对前边发言者的观点有所反应。有助于扩大对文本和问题研讨所产生的观点的理解。 3. 参与中有进取心，勿需唤起。 4. 提出澄清和加深对观点的讨论的问题。
其他参与	1. 准时参与问题研讨。 2. 以身体语言表明出关注，坐得笔直，注视着讲话者，让发言者讲完。 3. 不贬抑或非难别人的论解。

表3-2 短文评分规则

	熟练	优秀
内容	1.短文有一个回答问题研讨启始问题的论题。 2.论题有显示出对书本之理解的观点支持。 3.短文参与书本上的材料来支持观点，说出作者的姓名。 4.短文的作者清楚地理解所读之书的线索并将书中的观点予以应用。	1.短文有一明确回答问题研讨启始问题的论题，该问题尤其要涉及所读之书。 2.论题由相关观点支持，这些观点显示了对书中观点的深刻理解，含有创造性和新颖的思考。 3.短文作者以举例、引文或段落引用等形式从书中引用证据支持观点。短文作者有效利用论文书作者的名字。 4.对观点所做的讨论表明，他或她已仔细阅读并对小说有深刻的理解，能将书中的观点应用于其他情境。
形式或技术	1.短文的组织安排使得每一段都包含一个观点。有一些恰当的过渡转换连接观点和段落。 2.起始段就入门切题。最后一段以概括主要观点、重述论题来结束短文。 3.同优秀栏，但用墨水手写，单行距。	1.短文结构安排合理，有逻辑性，有恰当的过渡转换连接观点和段落。 2.短文开头有趣，结尾有力。结尾处避免重复但又重述了论题和主要观点。 3.简短引文用引号标明，长于一行的引文单独分开，书名下划线，段落缩进，短文打印，双行距，无错。

三、语言激励法

(一)语言激励法的内涵

语言激励评价法就是适当运用激励的方式通过口头或书面表达出来对学生的表现的评价。语言激励法是教师评价学生的一种常见的方法，包括口头式评语和书面式评语，可以是对学生的表扬与肯定，也可以是带有鼓励性的批评。它是以教育学生为目的，希望学生在教师的评价中能找到自己的优点，继续发扬，找到自己的不足，努力改正，让学生在评价中不断提升自己、完善自己。评语是教师在课堂或课后对学生的回答、作业、演示、表现做出的评价语言，好的评价语可以开启学生积极的学习心智，使之产生愉悦的学习情绪，引发向上的学习动力，建立足够的学习自信。

我们经常听到老师们这样的话：

"你真棒！这么复杂的问题都没把你难倒。"

"你做得非常好，老师想知道有没有人能想出更好的方法呢？"

"你的本子保护得真好，如果字写得再漂亮点那就更好了！"

"你能有这么大的进步，老师感到非常高兴。"

"这么难认的生字你都学会了，我相信你读课文也一定能找到好的阅读方法。"

学生们就在老师的一句句激励的话语中乐于思考、敢于表现，尤其对那些自信心不足的孩子来说，教师的激励性语言就更为重要了。

教师要善于发现学生的"闪光点"，对学生的行为表现要给予及时、细致、准确的评价。对于学生的点滴努力与进步，教师要及时给予肯定，对于学生表现不好的地方，教师也要巧妙地使用一些方法指出学生的不足，让学生在能够接受的情况下积极改正。俗语说："良言一句三冬暖，恶语伤人六月寒。"教师的语言应该像温暖的阳光，和煦的春风，去催开学生的心灵之花，去抚平学生的心灵创伤。并注意语言对学生的爱护和尊重，促使学生形成积极向上的人生态度与情感体验，让教师的课堂语言焕发出生命的魅力。

(二)语言激励法的主要形式

语言激励法主要形式包括课堂评语评价、作业评语评价和操行评语评价。

1. 课堂评语

课堂评语是教师在教学过程中针对学生回答问题的表现所做出的评价。恰当的课堂评语能够有效地推进教学进程，调动学生参与课堂，活跃气氛，提高课堂教学质量，调节课堂气氛。

按照表达的方式不同，课堂评语主要可以分为三种类型：直截了当式表扬、扬长避短式批评和循序渐进式启发。

直截了当式表扬应用于对学生的应答完全正确时的评价，这种评语要明确而直接的表扬，例如："你回答得非常正确。""你归纳得很全面。"

扬长避短式批评应用于对学生的应答错误时的评价，这种评语不直接展开真的批评，而是就学生发言过程中的其他细小环节的可取之处先给予肯定，诸如声音洪亮、语言组织好、大胆探究等，然后委婉地指出回答得不正确。

例如："你的脑筋动得可真快，要是再……说得更清楚具体些，那该有多好呀！"

"你的语言组织得非常好，马上就成功了，你再仔细想一想再告诉我好吗？"

"你的勇气让人佩服，如果在发言前，多问几个为什么，或多想几个方案，那就更好了。"

循序渐进式启发应用于对学生的应答不完整或有缺憾时的评价，这种评语首先要对学生回答正确的内容给予肯定，然后使用"如果……会更……"的句式启发学生思考。[1]

例如："你的回答很完美，只要在……地方改一改那不是更完美吗？"

"答案基本正确，如果注意认真组织语言，用简单明了的话作答，就更好了。"

2. 作业评语

作业评语是指教师对学生作业的具体情况所进行的分析或评价，对学生具有一定的教育和指导意义。作业评语是教师进行作业评价的有效手段，能够对学生的作业情况进行及时有效的反馈。

作业评语可以是简单的符号，例如：

---

[1]　陈香珍．教师的课堂评价艺术 [J]．衡水师专学报，2004（04）：84-85.

"√"和"×"，直接反映给学生一个正确或者错误的评断；

"/"、"?"、"~"，标识出有问题的地方，建议学生思考修改；

小红花或小笑脸的图案印章，给作业优秀的学生鼓励。

作业评语也可以伴随一些描述性的评语。首先，教师应对学生在作业中的突出表现或点滴进步及时给予肯定与表扬，激发学生的进取心。

例如："赏心悦目，棒极了！"

"看到你的进步，老师真的很高兴。"

其次，教师应对学生在作业中犯的错误给予鼓励性的建议，并分析错误的原因，使学生认识到自身的不足，积极改正。

例如："仔细看看书，老师相信你一定能纠正自己的错误。"

"题做得非常正确，如果字再写得漂亮些，岂不是锦上添花？"[1]

3. 操行评语

操行是指学生的思想品德的表现，学生操行评语是对学生一学期或一学年来的思想品德发展变化情况的评价。[2]一般来讲，操行评语评价都是由班主任在每学期期末的时候进行撰写，作为评定学生一学期或一学年行为表现与思想品德的手段，评语内容要求客观、公正、全面、实事求是。操行评语是目前教师用于评价学生最为常见的手段与形式，它不但简单方便可行，而且在教育学生、沟通社会与家庭方面发挥着十分重要的作用。恰当正确的操行评语，常常对学生的健康成长、学校与班主任的教育工作起着积极的促进作用，带来意想不到的良好效果。[3]

例如：

××同学：在老师的眼里，你是一位很乖巧可爱的女孩，你的嗓音细嫩甜美，

[1] 姜龙 . 重视发挥作业评语的教育功能 [J]. 教学与管理，2006（01）：69–70.

[2] 王道俊、王汉澜 . 教育学 [M]. 北京：人民教育出版社，1999.

[3] 肖鸣政、温云云 . 现代中小学教育评价中的常规方法——操行评语法操作中的问题分析 [J]. 现代中小学教育，1995（06）：50–53.

你的字迹潇洒漂亮。看你平时不多言多语，课堂上专心听讲，认真完成作业，常常受到同学和老师的赞赏。如果课堂上你也能把手举得高高的，让同学听听你那独到的见解，那就更好了！老师期待着……

××同学：上课回答问题，你总是那么精彩，讲得滔滔不绝，常会答出其他同学所不知的疑难问题，你很聪明，不仅会说，还会写出篇篇好文章来，这不，作文比赛经常中奖哩！作为班上的领头雁，老师的好助手，老师对你有更高的期待，希望你在各方面都以高标准来严格要求自己，约束自己，那样，同学们会更佩服你，老师会更信任你！[1]

（三）激励性评语的实施

1. 课堂评语的运用

课堂评语是教师评价学生最基本的形式，能够把教师对学生表现的评价结果最直接、最及时地反馈给学生。课堂评语已成为教师在课堂教学中的重要组成部分，好的评语能够增强教学的感染力，激发学生的积极性。在具体的课堂评语运用中，教师应注意以下几个方面：

第一，教师的语言要准确具体。

课堂评语要求教师要有快速的反应能力，及时准确地对学生的回答做出反应。评语要有针对性，内容要具体化。课堂教学中，教师所给出的评语应根据实际情况对不同学生的表现作不同的评价，不能泛泛而谈。评价内容要具体，哪些地方回答正确，哪些地方需要改正，哪些地方需要表现得更好，教师必须明确表达，这样的评语才会对学生的进步有更多的帮助。

第二，教师的语言要生动亲切。

课堂教学中，教师的评语要运用得巧妙，生动而亲切。教师对学生的评价要充满感情，让学生感受到爱，感受到关心，这样的评语更易于学生接受，更具有

---

[1] 学生评语选100条（优生评语）http://www.co888.com/tizhi/kkkkk2004-ok001.htm.

感染力,能够有效地活跃课堂气氛,调动学生们的积极性和主动性。如"你读得真好,老师都被你感动了","你回答得很好,只是声音不够洪亮,要让后排的同学也听得到啊。"

第三,教师的语言要恰到好处。

教师的课堂评语要做到表扬有度、批评有法。教师的表扬要运用得当,不能夸大某个学生的优点,让他骄傲自满,也不能用来和其他学生的缺点作比较,导致落后学生的情绪低落。教师的批评要注意方法,既要让学生能够接受,又要明确指出学生的不足之处,以激励为主,启发学生独立思考。

2. 作业评语的撰写

教师给学生的作业评语,是对学生在校表现以及学生学业情况的科学评价,同时也是教师与学生的情感沟通方式之一。因此,评语的撰写要客观公正,又要充满感情,易于沟通。恰当的作业评语能够激发学生的学习兴趣,引导学生更加努力进步,增进师生之间的感情,有利于教学质量的提高。

教师评价学生的作业时,应注意以下几个方面:

第一,评语要公正客观

教师对学生作的任何评价都要做到公正客观,作业评语也不例外。不切实际的评语只会影响学生的情绪,给学生带来不必要的负担。作业做得好或者有进步,就要及时肯定和表扬,作业中有错误或不足之处,就要提出批评和建议。教师进行评价时,不论是表扬还是批评,只要方法得当,都能得到好的效果。

第二,评语要清晰明确

作业评语的内容一定要让人看得明白,表述要清晰明确。评语内容要清楚地表达出教师对学生作业的总体评价,或"做得不错,再接再厉",或"有错误,需要改正"。通过评语的表达,教师应让学生知道作业完成得如何、错误在哪、原因为何、如何改正等。

第三，评语要以鼓励为主

教师的评语要以鼓励为主，避免直接性批评，影响学生的自信心和学习的积极性。教师的每一句鼓励都将成为学生进步的动力，有时会有意想不到的收获。在评语的表达过程中，教师应充分尊重学生，鼓励学生发现问题、解决问题，培养学生独立思考的能力。

第四，评语要真诚友善

评语是教师和学生之间的交流，应流露出真实的情感。教师在评价学生的课业作业时所表现出来的真诚与友善，学生会通过阅读评语的过程感受领会。充满感情的评语能够使学生争取更好的成绩或者积极改正不足，对教师的教和学生的学都起到积极的影响效果。

3. 操行评语的撰写

传统的操行评语在表述上采用"优点—缺点—希望"三段式，甚至简化为"优点—希望"二段式，将缺点含在希望当中。如"该生学习努力，成绩较好，讲究卫生，热爱劳动，对人有礼貌，望继续努力，争取更大进步"。多年来，教师在撰写操行评语时存在很多问题，或内容笼统，千人一面；或训斥过多，难以接受；或枯燥乏味，偶然随意。

要想撰写出既有鼓励又有鞭策作用的好的操行评语应该注意以下几点：[1]

第一，内容上要全面化。重视对学生道德修养、意志、情操等因素的评价，注意突出学生的个性特点。

第二，形式上要散文化。表意委婉并富有哲理，采用第二人称，拉近师生间距离。

[1] 摘自 http：//www.doc88.com/p-78840894852.html 张洪 . 操行评语的撰写 . 重庆市九龙坡职业教育中心，2006.

第三，表述上要具体化。要反映出学生的具体思想和行为，避免泛泛空谈，使人看了之后知道说的是这个学生而不是另一个学生。

例如：

你讲的故事娓娓动听，你的琴声悠扬悦耳，你的学习成绩令同学称道，课堂上你回答问题时是那么的响亮。你的表达能力很强，从你的表达中，可以看到你内心的聪颖。你在同学心中威信较高。老师对你有一个小小的要求，如果你把字写规范些，老师会更喜欢你。[1]

第四，语气上要情感化。教师的语气要深情、亲昵、轻柔、舒缓，要充满情感，使学生感到像是在谈心。写出来的评语一定要充满"师情"，体现"爱心"，使学生通过读评语找回自尊与自信，获得前进的动力与勇气。

例如：

你是个懂事的好学生，上课时看到你聪慧的眼神，老师真想多看你几眼。同学们在操场上玩时，你却在教室里收拾卫生，老师真为你感动。悄悄告诉你，当同学们一致推选你当小干部时，老师也投了你一票。还记得吗，文具盒被同学打翻了，你不声不响拣起来，你真是个宽容的小男子汉。多锻炼，敢讲话，学习不断进步，好吗？老师相信你。[2]

第五，行文上要规范化。用词要恰当，语言要规范。

第六，要注意把握不同类型学生的特点。

写优等学生的评语要注意：赞扬言辞不要过分；要对他们提出更高的要求；引导他们看到自己的缺点，使他们能谦逊谨慎、不断进取。

写一般学生的评语要注意肯定他们的优点，增强他们的自信心，激起他们的上进心。通过叙写他们典型的日常细小事例来反映他们的优秀素养，勉励他们不

---

[1] http://www.cqjljy.com.cn/dyjy/js.asp?newsid=1391.

[2] http://www.cqjljy.com.cn/dyjy/js.asp?newsid=1391.

要满足现状。言辞要满腔热情，富于鼓动性，激励他们树立进步的信心与决心。

写后进学生的评语，难度比较大，因此要特别细心地找出他们身上的闪光点，加以充分肯定、赞扬，让他们感受到老师没抛弃他们，打消他们自暴自弃的念头；从帮助他们的角度出发，指出他们的缺点，但要把握分寸，让他们感到老师的真诚和希望；为他们提出奋进的目标和改进的措施；要有热情的鼓励和殷切的期望。

写困难学生的评语言辞要恳切真挚，对他们应充满理解和关怀，对他们的点滴进步应给以肯定和大力表扬，使他们感觉到老师对他们的尊重和注意；对他们身上存在的不足要提出改正的具体要求，但要注意语气委婉。

写特殊家庭学生的评语，字里行间要流露出如同父母般的长辈的关爱，语句要充满热情，充分肯定他们的优点和进步，避开他们的隐私，不谈他们的缺点，可用正面的榜样或名人名言去鼓励他们克服人生路上的障碍。

（四）实施语言激励法的意义

首先，教师实施语言激励法，有利于学生对自己的表现获得及时的反馈信息。语言是最快的传词达意的方法。教师的激励性评语，清楚明确地告诉学生哪里做得好、哪里做得不好、如何做得更好等。及时的反馈意见能够让学生对知识的掌握加深巩固，对错误的做法加深印象，避免下次再犯同样的错误。学生在教师的鼓励和指引下，明确自己的努力方向，利于提高学习效率。

其次，教师实施语言激励法，有利于增进师生感情。和谐的师生关系是有效教学的前提条件，感情的增进利于和谐关系的建立。教师和学生之间语言的交流，不论是口头形式的还是书面形式的，都能够拉近师生间的关系，为教师与学生建立良好的沟通平台。有效的沟通能够加深师生双方的理解，促进教师的"教"与学生的"学"的最佳融合。

再次，教师实施语言激励法，有利于激发学生学习的积极主动性。"良言一句三冬暖"，教师的一句激励语言能够温暖学生的心，使其不断增强学习的自信心，积极主动地争取进步。因此，教师在评价学生时应以激励为主，尤其在表达否定性评语时，不可一味批评，打击学生的积极性。

最后，教师实施语言激励法，有利于提高整体教学质量。教学质量的提高依靠包括学校、教师、学生、家长、社会等多方面的共同合作与参与，教师的有效评语能够加强师生的教学参与度，激发学生兴趣，活跃课堂气氛，增进师生理解，促进有效教学。

案例3-2　于永正在《小稻秧脱险记》一课上的语言激励法的应用

徐州市民主路小学的特级教师于永正在教学过程中对学生的阅读进行及时、准确、有效的评价。

师："今天我们来学习《小稻秧脱险记》。同学们先默读一遍课文。"

学生们开始默读课文。

师："现在老师先读一遍，同学们听一下。"

于老师开始有感情地配乐朗读，学生不时发出赞叹声。当于老师读完后，学生们禁不住鼓起掌来。

师："现在，我邀请一位同学朗读。谁愿意呢？"

有几个学生举起了手。

师："这几位同学真勇敢，大家要向他们学习。小花来读吧。"

小花开始认真朗读。

师："小花读得很好，没有出现错别字，可见，她一定预习得非常认真，但如果她能读得再有感情些就更好了。谁能像老师那样有感情地朗读这篇课文呢？"

【评】当学生举手回答问题时，于老师夸他们很勇敢；当小花朗读完课文时，于老师夸奖她课文朗读得准确、流利,预习得好;对于学生表现好的地方,老师及时给予好的评价,不但让学生发现自己的优点,增强他们的自信心与自豪感,还为其他的学生树立了榜样,指明了努力的方向。对于学生的不足,老师用委婉的语气指出,以"如果她能读得再有感情些就更好了"这样的话来激励学生不断地完善自己。

学生们都想像老师说得那样勇敢,于是纷纷举起手来。

师:"老师很喜欢你们这样勇敢。小明来朗读吧。记着,除了读得准确、流利外,还要记着有感情啊。"

小明开始认真地读课文。他读得较流利,有感情,但读到"小稻秧望着这群蛮不讲理的杂草,说……"时,"蛮"字读错了,但他马上意识到自己的错误,改正过来。当小明认真地读完后,于老师开始进行点评。同时,他还邀请学生参与到点评中。

师:"小明同学读得好不好?"

学生:"好。"

师:"好在哪里呢?请同学们具体地指出来。"

学生:"他读得很有感情。同时,'蛮'字他第一次读错了,但马上改了过来。"

师:"好,你听得很认真。小明也很好,自己读错了马上便改正过来。"

于老师:"那么,小明在朗读时又有什么缺点呢?"

学生们开始回想,但都在摇头。

师:"小明,请你再读一下文中杂草被大夫用除草剂喷洒过后说:'完了,我们都喘不过气来了'这句话。"

小明又读了一次,且声音非常洪亮。

师:"要么是你的抗药性强,要么是这除草剂是假冒伪劣的产品,我再给你喷洒一些除草剂吧!"

大家都笑了，小明也笑了。

【评】当小明声音非常洪亮地朗读文中"完了，我们都喘不过气来了"这句话时，于老师就运用了幽默的语言"要么是你的抗药性强，要么是这除草剂是假冒伪劣的产品，我再给你喷洒一些除草剂吧"，让小明在欢笑中发现了自己的不足，并及时改正，保护了学生的自尊。

师："好了，小明再读一次，注意感情色彩。"

小明会心地耷拉着脑袋有气无力地又读了一遍，这次读出了效果。

师："小明读得很有感情，但出了点小错误。哪一位同学可以再好好地读一遍，读得既正确、流利，又有感情？"

小新开始朗读。

师："读得多好啊，没有出现错误，还很有感情，真的很棒！"

通过于老师正面的评价，不但让学生自己了解到自己的不足，也为他们的发展指明了方向，同时，还给别的同学树立了榜样。这堂课在学生的欢笑声中结束了。

四、成长记录法

（一）成长记录法的内涵

成长记录评价法是通过对成长记录袋的制作过程和最终结果的分析而进行的对学生发展状况的评价方法。学生成长记录袋又叫档案袋，它是指用以显示有关学生学习成就或持续进步信息的一连串表现、作品、评价结果及其他相关记录和资料的汇集。[1]

成长记录袋具有两个层面的含义：从实体层面来看，成长记录袋包括有目的的收集学生作品和记录一段时间内的进步；从哲学层面理解，成长记录袋包含

[1] 陈海涛、罗碗华．成长记录袋评价理论内涵及其实施策略[J]．外国中小学教育，2004（02）：42-45．

三个方面：合作的过程、收集检查和使用信息的过程、反思和促进教学的过程。

为了更加明确成长记录袋的内涵，这里我们借用美国教育学家希拉对成长记录袋

"是什么"以及"不是什么"总结表，如下表3-3所示。

表3-3　成长记录袋：一个总结 [1]

成长记录袋是什么	成长记录袋不是什么
一种经过周密思考的目标、任务和标准的结构	一个所有事物或任何事物的存放处
一个使用更多的变化的、真实的基于表现的学生能力的标识的机会	一个储存间接的、过时的读写任务的地方
一个连续的带有指导的评估过程	一个1年一次的、课堂之外的、为其他人需要的评估结果
一个开放的、共享的、可达到的存放学生作品与进步记录的地方	一个累计的记录分数、等级和儿童不能接近的秘密信息的文件夹
一个积极的思考、赋予价值和评价教与学的过程	一个收集学生作品的样本的地方
一个对标准参照测验或标准化考试的补充	一个避免学习标准的判定

可以看出，成长记录袋具有以下几个特点：

1. 成长记录袋的收集是有目的性的，不是随机的。成长记录法是一种需要有周密思考的目标、任务和标准的评价方法。

2. 成长记录袋是学生作品和成长的真实记录，能够描述学生在某一段时间内的进步情况。

3. 成长记录法是连续的带有指导的过程性评价方法。教师在评价过程中应起到主导作用，对成长记录袋里的内容进行合理的分析与解释。

4. 成长记录袋中包含学生的学习目的、学习过程和学习结果，也包含教师、家长、同学及个人的评价，如：学生的优秀作品、实验记录、成绩报告、反思和改进的过程、活动记录、照片、光盘等。

---

[1] 胡中锋.学生"档案袋"的新内涵与类型[J].现代教育论丛，2007（03）：49-52.转引自 Sheila W.Valencia.Literacy Portfolios in Action[M].New York：Wadsworth Publishing Company，1998.

5. 成长记录法是对标准参照测验或标准化考试的重要补充。

（二）成长记录袋的主要类型

美国教育心理学教授格莱德勒根据成长记录袋功能的不同将其分为五种类型：[1]

1. 理想型

构成：作品产生和入选说明，系列作品以及代表学生分析和评定自己作品能力的反思。

目的：提高学习质量，记录这一段时间的成长，帮助学习者成为自己学习历史的思索者和非正式的评价者。

2. 展示型

构成：主要由学生选择出最好和最喜欢的作品集。自我反思与自我选择比标准化更重要。

目的：给由家长和其他人参加的展览会提供学生作品的范本。

3. 文件型

构成：根据一些学生的反映以及教师的评价、观察、考察、轶事、成绩测验等而得出的学生进步的系统性、持续笔录。

目的：以学生的作品、量化和质性评价的方式提供的一种系统的记录。

4. 评价型

构成：主要由教师、管理者、学区所建立的学生作品集。评价的标准是预定的。

目的：向家长和管理者提供学生在作品方面所取得成绩的标准报告。

5. 课堂型

构成：依据课程目标描述所有学生取得的成绩的总结；教师的详细说明和对

[1] 郭元亮.学生成长记录袋评价研究——淄博市城区小学成长记录袋评价现状的调查分析[D].2009年山东师范大学硕士论文.

每一个学生的观察；教师的年度课程和教学计划及修订说明。

目的：在一定情境中与家长、管理者及他人交流教师对学生成绩的判断。

（三）成长记录法的实施

在成长记录法的实施过程中，教师起着重要的作用，他承担着组织者、指导者、评价者和协调者等多重角色。

第一步，明确评价目标，选择成长记录袋类型。在实施过程中，教师负责组织评价前的准备工作，根据评价的目的确定成长记录袋的类型。

第二步，设计成长记录袋，准备和收集记录袋的材料。在实施过程中，教师负责指导学生设计并收集档案袋里面应装的材料。

第三步，确定评价标准，进行评价。在实施过程中，教师负责参与评价，按照一定的标准对学生档案袋中的内容进行评价。

第四步，评价的总结和反馈。在实施过程中，教师负责评价的后期协调工作，总结评价结果并反馈给学生和家长。

（四）实施成长记录法的意义

成长记录法是一种新型的学生评价方法。

它更加注重过程展示，通过对学生作品的展示和进步情况的记录，使学生逐渐自信，懂得欣赏自己、表现自己、创造自己。

它更加注重交流沟通，通过学生的学业成就的展示，增强教师和家长对学生的发展情况的掌握，使教师能够及时改进教学，使家长更全面地理解孩子。

它更加注重反思自省，档案袋的建立过程培养了学生独立处理问题的能力和自我反思自我审视的习惯，提高学生学习的主动性。

它更加注重个性发展，成长记录袋给每个学生展示自我的机会，使学生彰显个性，全面发展。

案例3-3　材料1：“成长记录袋”：将学生带入英语世界[1]

在一年级英语教学中应用“成长记录袋”现实吗？学生既不会写英语又不会写中文，如何收集“成长记录袋”的材料呢？……带着一连串的问题，我参加了北京师范大学评价项目组在我校开展的“成长记录袋”实验研究。在专家的指导下，我在低年级英语教学中创建和使用了“成长记录袋”，取得了良好的教学效果。

◇“Magic Box”诞生了！

去年9月，我将自己在业务进修中创建的“成长记录袋”展示给学生们看。孩子们传看着我与外教的合影，认真辨听我与外教的对话录音，小心地抚摸由美国犹他州立大学颁发的“英语教学教法”毕业证书，个个羡慕得不得了。我问孩子们：“你们是不是也想有一个这样的‘成长记录袋’呢？”孩子们异口同声地回答：“是！”就这样，能体现英语学习特点的“成长记录袋”——“Magic Box”（“神奇的藏宝箱”）诞生了！

◇“Magic Box”里有何“宝物”？

“Magic Box”里都收集哪些材料呢？

☆录音：为了了解学生的英语基础，我首先布置了一次“英语园地中的我”的自我展示录音作业，全班29人全都交了录音带。在课堂上，我原准备选择几个英语比较好的同学的录音放给大家听，没想到，孩子们都争先恐后地喊：“Miss Xie，放我的，放我的！”学生们的热情使我认识到，应该为每个孩子提供平等的展示机会。于是，我在每次英语课上，都利用三五分钟的时间，从最近的录音作业中选择几位同学的录音让大家听，并给予积极的评价。孩子们每次都听得非常认真，就像在收听他们喜爱的儿童广播节目一样。

在评价学生录音的时候，我注意与家长积极配合。由于一年级的学生识字不多，所以我们的评价形式基本上是面对面的交流，但有时我和家长也会把评价意见直

---

[1] 谢爱民．“成长记录袋”：将学生带入英语世界[J]．中小学管理，2002（05）．

接录在学生的录音带上，让孩子自己去听。

这些放入"Magic Box"中的录音带真实地记录了每个孩子英语学习的进步过程，同时，也使我们能够从一个新的维度更加立体地评价学生的学习质量。

☆单词图片：一年级的英语教学对学生没有书写上的要求。为直观地反映学生词汇量的增长，我就让每个学生把自己能认读的单词的教学图片贴在纸上，并登记上具体的日期。最初，学生们大都只认识两三个单词，有了"Magic Box"后，孩子们收集单词图片的热情很高。开学仅一个半月，他们平均已能认读出二三十个单词了。孩子们经常把自己的单词图片拿出来，边欣赏边读。后来，在教师的引导下，孩子们还纷纷把自己能认读的单词夹杂在口语里，如"Mummy 昨天买了好多好多的 apple"，"动物园里有这么多的 elephant"……就这样，你一言，我一语，班里形成了浓厚的英语氛围。

☆纸笔作品：我利用低年级学生爱画画的特点，鼓励他们用图画把学过的英语单词或情景表现出来。如在学完几种颜色的单词后，我就让学生用彩笔画 rainbow(彩虹)，并把自己最满意的一幅画放入"Magic Box"。孩子们一边画，一边说着这几种颜色的英语单词，兴致可高了。他们还自己选择适当的英语学习题材作画，并把自己的作品装进"Magic Box"。现在，每个学生的"Magic Box"里都收集了好几份纸笔作品。这不仅激发了学生英语学习的兴趣，而且为他们在高年级学习英文书写奠定了良好的情感基础。

"Magic Box"将孩子们带入英语世界。现在，实验班的学生们爱上了英语课，喜欢而且敢于用英语表达自己的想法,这些都在一定程度上证明了实验的良好效果。

材料2："成长记录袋"：作文的"相册"[1]

作文水平是影响学生语文成绩的主要因素之一，但是，学生不喜欢写作文，

---

[1] 赵静."成长记录袋"：作文的"相册"[J].中小学管理，2002(05)：35.

甚至厌烦、害怕写作文的现象,在小学相当普遍。因此,培养和激发学生的写作兴趣,提高学生的写作能力,就成为我们在语文教学中迫切需要解决的问题。从2001年9月开始,我在北京师范大学有关专家的指导下,在作文教学与评价中尝试使用了写作"成长记录袋",收到了意想不到的好效果。

◇建立"相册"让学生认识并喜欢"成长记录袋",是在教学中成功应用它的前提。我是用一种直观的方式将"成长记录袋"介绍给学生的。我把自己不同时期的照片给学生们看,告诉他们,这些照片反映了老师的成长过程;我们每个人在学习写作的过程中也有很多有意义的"照片",它们可以记录我们写作能力发展的过程,将这些"照片"(即作品)收集在一起,就是作文的"相册",也即写作"成长记录袋"。听了我的介绍,同学们兴致很高,没过几天,就都准备好了资料夹,每个孩子还为自己的"相册"设计了别具特色的封面。

◇收集"照片"、"相册"准备好了,都放哪些"照片"呢?

☆以收集学生的作文为主。以前我们给学生布置作文,一般是先让学生打草稿,老师批改后,学生再根据老师的意见将修改后的作文抄在本上。这种做法浪费了很多宝贵的教学资源,即学生在写作过程中形成的初稿和修改稿。如果把这些过程性的材料收集起来,让学生回顾和反省,不仅可以让学生看到自己的进步和成绩,而且可以帮助他们发现自己在写作方面的优势和不足,进而明确改进的目标和方法。

☆收集各种写作素材。"巧妇难为无米之炊",素材的积累对提高写作水平十分重要。因此,我特别强调让学生在写作"成长记录袋"中收集各种写作素材,如生活随笔、读书笔记、优美词句摘抄、优秀习作剪辑等。

☆收集学生参与评价的材料。学生参与评价是"成长记录袋"的主要特点之一。为此,我们注意有选择地收集学生在参与评价标准的制定、进行自我评价和反省、参与同伴评价等方面的材料,并将其收入写作"成长记录袋"中。

☆其他材料。只要是能反映学生在写作过程中知识与技能、过程与方法、态度与情感三方面发展情况的材料，都可以有选择地收入写作"成长记录袋"中。

◇用好"相册"

要使"成长记录袋"发挥其最佳效益，就要学会有效地利用其中的资源。比如：上学期，就写作问题，我与班上的每个同学都进行了一次单独的交流。我和学生一起翻看写作"成长记录袋"，共同回顾一段时期以来的写作情况，帮助学生从中看到自己的进步，发现不足，找出解决问题的有效办法。在对话中，学生可以提出自己的看法，也可以申辩。通过这种对话，学生对自己的写作水平及今后的努力方向有了比较清晰的认识。经过一个学期的积累，每个学生的写作"成长记录袋"都是沉甸甸的。学生们看到自己一学期竟然创作出这么多的作品，成就感和自豪感油然而生。现在，实验班的学生不再怕写作文了，他们的文章在立意、选材等方面也都有了明显的进步。

五、增值评价法

（一）增值评价法的内涵

增值评价法自 20 世纪 90 年代提出，受到西方发达国家尤其是美国、英国诸多研究学者的普遍关注，多年来被广泛地应用于教师效能和学校效能的评价中。"增值"一词最初来源于经济学领域，用公式可以简单地表示为"增值"="输出"—"输入"。[1] 将增值应用于学生评价，更多地考虑学生的初始水平等因素对评价结论的干扰，能够在一定程度上使学生评价更公平。

增值评价的核心主要是通过比较学生学业成绩的逐年增进的情况来评价学校、教师或者学生，主要原因是学生的学业成绩容易量化，能够清楚地反映出学校和教师对学生的影响效果。将增值评价法应用于学生评价，不再受限于学业成绩的阶段性比较，如学生兴趣、态度、价值观、能力等一些不容易量化的指标，同样

[1] 李志春、吕宏伟. 增值性学生评价探析 [J]. 现代教育论丛，2010（04）：35-38.

可以通过"增值"的方式体现出学生在这些方面的发展进步状况。学生情感态度、能力等虽不能量化，但是可以将其分成不同层次的目标等级，通过观察记录法对学生在不同时期的发展状态做等级记录，用以比较学生自身的进步程度。但是，这种方法只用作学生自身的阶段性比较，很难用作学生之间的比较。

学生增值评价法，是指通过学生在学校一段时期内所获得各方面发展的"增益"来进行的学生评价。这种方法比传统学生评价法更为公正，它不再用学生的某一次学业成绩或者某一次的表现来评价学生，而是根据一段时期学生所获得进步情况评价学生的个体发展情况。增值评价法是一种发展性的形成性评价，它注重的不是最终的教育结果，而是教育过程中的学生进步情况，使评价的目的不仅仅是甄别和选拔，而是为了测定学生的进步情况，从而改进学校和教师的教育教学。

这里我们借鉴论文中对普通高中学生增值评价的定义，得出学生增值评价法的内涵。学生增值评价法是指：以学生个体发展为评价目的，以学生个体为评价对象，以学生的思想品德、学业成绩、身心素质、情感发展为评价指标，以学生思想品德、学业成绩、身心素质、情感发展等领域增值幅度作为评价标准，以学生成长过程作为评价阶段，从而判断学生发展程度，为学生学习及生活、教师教育及教学、学校教育及管理提供信息及策略，促进每个学生不同程度地发展，实现学生潜能发挥的最大化。

（二）增值评价法的评价内容

针对学生的增值评价法的评价内容主要包括学生的智力、情感、能力等多方面的发展情况。智力发展情况主要包括学生在校期间的各个科目的测验成绩的增益。情感发展情况主要包括学生的情感态度、兴趣爱好及价值观的形成进展。能力发展情况主要包括语言表达能力、实践操作能力、创新能力、心理承受能力、人际交往能力、体能等在某一阶段的发展状况。

（三）实施步骤[1]

1. 数据收集

评价部门收集有关原始记录和数据，作为评价依据。收集数据主要包括：每学期始末每个学生学习过程行为表现观察记录数据；每学期学生生活、参加活动等行为表现数据；每学期始末所有学科考试成绩数据及其他学业成果；每学期始末相关指标，学生本人、同学、教师问卷调查数据；每学期始末关键事件记录信息等。

2. 填写表格

将所收集数据根据要求填入相关表格。

3. 加权统计每个学生各级指标得分

分析每个学生学期始末各级各项指标数据资料，经统计处理后，得出每个学生各级各项指标"增值"幅度结果。然后，将这一结果与学生入学基本情况信息或上一学期评价结果对照，责成年级处或级部与学生及相关学科教师、班主任面谈，交流各级各项指标存在差距或进步程度，结合关键行为事件记录及过程结果数据信息，分析造成差距原因，总结进步经验，形成书面材料。

4. 加权统计学生综合评分

根据各级指标标准增值分计算学生综合成绩，对照上学期评价结果以及本学期初认定"增值"幅度目标，并结合关键事件记录信息，责成年级处或级部与学生及班主任交流，分析差距原因，总结进步经验。责成班主任召集学生家长、学科教师见面会，交流学生各方面信息，听取家长意见，形成书面材料。

5. 形成学生增值评价报告

评价部门综合评分结果以及上述书面材料，形成每个学生增值评价报告。

6. 结果反馈

---

[1] 张亮．普通高中学生增值评价研究 [D]．山东师范大学 2010 年博士论文．

评价主管部门将学生增值评价报告反馈给相关年级，由年级处向有关学生、教师、班主任及家长反馈评价结果。

7. 复议

班主任、学科教师、学生及家长若对评价报告提出质疑，可向评价部门提出质询，评价部门有义务给予答复。若质询人对答复意见不满意，评价部门有义务允许其对有关数据进行查询。复议期限一般为反馈评价结果之日起一周时间。

8. 修改评价报告

若质询人质询意见合理，或查询数据结果不实，须对相关数据统计核实，重新撰写评价报告。

9. 结果运用

学生评价报告经确证后，须向学校负责人汇报，并经与评价对象沟通交流后，按照学校有关奖惩政策落实评价结果。

10. 调整与改进

评价部门根据应用结果正面或负面影响，及时调整评价目标、内容、标准及过程等，以备下一轮考评使用。为更好促进学生发展，学生须根据评价报告涉及问题及建议制定下学期改进计划。为使学生有针对性改进，学科教师及班主任需针对每位学生提出整改建议，形成工作计划。为更好服务学生发展，学校须根据教师、学生及家长建议，制定工作方案。

（四）增值评价法的意义

学生增值性评价与传统的学生评价相比，不仅关注学生的最后考试成绩，而且还将学生原有的知识、技能等纳入评价的范围，不仅注重学生的最后学习成果，而且强调测定学生的进步情况，充分调动学生学习的积极性。增值评价法关注学生在学习过程中的知识与技能、过程与方法、情感态度与价值观的发展，符合新课程改革和素质教育的要求，对于促进教育公平和学生发展具有重大的理论意义和现实价值。

1.有利于保证评价的公平性

由于遗传、环境及教育的影响，每个学生都存在着个性化的差异，表现在家庭背景、社会经历、情感基础、知识水平、智力潜能等方面，导致学生的原始发展基础参差不齐，因此，用同一标准去评价学生的后期表现显然是不公平的。增值评价法重视学生的原有水平，尊重学生间的差异性，在评价中充分考虑学生的起始水平，对学生各方面发展进步状况进行价值判断，有利于保证在更加公平的条件下评价学生的发展。

2.有利于促进学生的发展

学生的全面发展和进步是学校教育和评价共同追求的目标。而增值评价的依据和标准正是学生在各领域的增值，即学生的发展。增值评价法关注学生的阶段性发展，将学生的现实表现水平和原来的表现水平作比较，评价学生经过一段学校教育之后的变化，不再和别的学生作比较，而是自己和自己比较，使学生在轻松的情绪下接受评价，能够逐渐增强学生的自信心，更利于学生的自主发展。同时，该评价方法更重视某一阶段教师的教学效果和学生的学习效果，教师及学生都积极争取每一次评价的结果都要比上一次有所增益，这就对教师和学生提出了更高的要求，即不断追求学生的发展与进步。

案例3-4　以斯科特希尔学校增值评价实施为例

教育问责办公室的分析员在美国西部的一所学校里发现了一个有趣的案例，由此提出关于使用田纳西增值评价体系评价学校对学生学习影响的问题。斯科特希尔位于亨德森(Henderson)县和迪凯特(Decatur)县的交界处，在名义上，有两所学校，即亨德森县斯科特希尔学校和迪凯特县斯科特希尔学校，然而，事实上，只有一所学校，来自两个县的学生都被一视同仁。校长根据性别和上一年的 TCAP 测试分数把全体学生分为四个群组，然后从这四个群组中为每个班级分配相对均等数量的学生（男生、女生、高于 TCAP 平均分和低于 TCAP 平均分）。

田纳西增值评价体系分别计算这两所斯科特希尔学校的增值分数，该模型只在亨德森县学生的基础上，计算亨德森县斯科特希尔学校的一整套增值收益，相同地，也仅仅建立在迪凯特县学生的基础上，计算另一所学校的整套增值收益。由于这两所学校只是名义上的独立，所以人们可以预料，学校对这两所学生学习影响的评价将是相似的。但是，基于两所学生的学校增值评价很不相同。表3-4是两所学校于《1994年成绩报告册》的一套实际数据：

表3-4　两校语言科目三年平均增益和标准误差预算

	三年级	四年级	五年级	六年级	七年级	八年级
迪凯特县斯科特希尔学校						
增值	24.5	2.1	39.3	5.4	14.7	18.3
标准误差	4.8	5.1	5.3	4.9	5.0	4.6
亨德森县斯科特希尔学校						
增值	16.8	15.7	26.5	−1.9	7.6	27.7
标准误差	4.5	4.5	4.3	4.2	4.6	4.2
增值差异	7.7	13.6	12.8	7.3	7.1	9.4
T分数／标准分数	1.6	2.7	2.4	1.5	1.4	2.0

上述表格中的T分数（或标准分数）是指两所学校之间的增值差异除以两所学校中较大的标准误差，例如，三年级的T分数（1.6）是通过两校的增值差异（7.7）除以两校中较大的标准误差（4.8）所得到的结果。一般性规律是：如果T分数大于2，就具有统计上的显著差异，这意味着归因于偶然性的概率非常小。上述两校六个标准分数中有三个（即四、五和八年级）年级具有统计上的显著差异。

重要的问题是如何解释这种显著的差异，实际上，一所学校有两套对学生学习作用的预算，根据学校行政人员透露，来自两所学校的学生在课堂都被公平无私地对待，他们实际上有一样的学校和教师，因此，学校和课堂对那些学生的影响应该是相似的，除非有一些与学校或教师很少或无关的因素影响到学生的成绩。一个可能的解释是，两校的学生不平等并且他们对增值起到不同的作用，学校层面，学生学业增值不仅受学校对学生学习的影响而且还受其他在增值模型里没有具体指明的风险变动因素的影响。如果确实如此，那么学校对学生学习作用的指标取决于除了教师和学校之外的因素，例如学生自己，而且该模型里起"阻碍"作用的影响是不充分的。

桑德斯相信教师和学校产生了增益，在这种情况下，他认为两所学校学生的增值分数差异可以归因于斯科特希尔学校把目标对准低成就学生的教学策略。教育问责办公室分析员认为，这个案例有另外的启示，即这两所学校在测试分数上的差异是由学生自身的差别引起的，从某种意义上说，这个实例"控制"了学校对学生成绩的影响，学生增值分数的差异不能归因于学校，因为两个群组学生有一样的学校。但是，桑德斯认为教育问责办公室对这个实例的解释是"错误的"，他相信斯科特希尔学校使其课程适合低成就学生，而这些学生大多数来自迪凯特县，这就解释了两校学生群组之间在增值分数方面的差异。

（资料来源于：朱文博．美国学校增值法学生评价研究．西南大学，硕士论文）

六、THS 合作策略

（一）THS 合作式评价的内涵

"T"、"H"、"S"三个字母分别是教师、家长、学生的英文单词的缩写。THS合作式评价是指教师、家长、学生"三位一体"有机合作起来，对学生的学习、成长变化过程，形成一种和谐、激励、促进、监督、超越的评价机制，采用有效评价方法和手段，促进学生学业、人格、能力等全面发展的一种评价策略。[1]

THS合作式评价是一种多元评价主体参与的学生评价。教师是这一评价策略的组织者和主要评价者，多元主体参与评价，尤其是家长、学生的参与，可以使

---

[1] 韩立福．全面发展性学生评价方法策略研究[J]．教育理论与实践，2004（07）：32-35.

教师更准确地把握学生的兴趣、已掌握的知识水平和发展的需要，有针对性地设定教学目标和教育内容，对不同学生提供适宜的指导和帮助，促进学生的全面发展。

(二)THS合作式评价的实施

1.合作分工

在THS合作式评价过程中，教师是主要的评价主体，是评价活动的策划者和执行者。教师作为THS合作式评价中的合作者之一，主要负责评价目标、内容的确定，评价方法的选择，评价过程的监督执行，评价结果的反馈，学校、家庭和学生之间的沟通协调工作等。家长是评价活动的参与者和支持者。家长对自己孩子的评价是具有重要的参考性的，因为从家长那里得到的学生的信息是最直接也是最具体的。在评价信息的收集中，家长具有别人无法替代的作用，为教师提供最可靠的有关学生发展的评价资源。学生是评价对象，也是评价活动的主要参与者。在THS合作评价中，学生主要负责积极配合教师和家长的工作，主动接受教师的指导，如实做好自我评价，提高能力，改进方法，增长学识，完善人格。教师、家长和学生三方面相互配合、相互补充、相互合作，形成目标一致、分工合理、统一协作的评价共同体。

2.实施步骤

第一步，教师与学生、家长讨论，确定出评价目标和内容，要求与教学目标相一致，并且学生能够接受，制定出THS合作式评价的具体计划；

第二步，选择适当的评价方法，随时观察监控，定期研讨整改；

第三步，教师、家长与学生共同实施THS合作式评价计划；

第四步，得出评价结果，反思阶段。结果反馈给教师，用以改进教学；反馈给家长，用以督促学生；反馈给学生，用以争取进步。

（三）实施 THS 合作式评价的意义

THS 合作式评价主张的是多元主体评价方式，从不同角度收集学生的各类信息，包括学习情况、性格发展等，能够更全面更客观地评价学生，反馈意见更具价值。

学生的自我评价的纳入，使学生不再是一味地接受教师与家长的评价，变被动为主动，增强学习积极性和主动性。THS 合作式评价不但增加了评价的真实性和客观性，而且有助于培养学生的独立思考、处理问题的能力，促进学生对自己的学习表现不断进行反思，总结经验，自主发展。

家长是孩子最近、最连续、最真实的观察者，家长能够参与到评价活动中，加强与教师间的沟通合作，能够提供给教师更加全面的参考，促进有效评价的开展。和谐的家校合作能够加深教师与家长之间的理解，更高效地提升教学质量。同时，家长也能够从中受益，掌握孩子的发展近况，及时加以指导。

教师不仅是知识的传授者，而且是高级的学者和学习的伙伴，更是评价的专家，他们能把教学目标和评价目标统一起来，不仅可以使评价更客观更符合学生实际，同时可以优化教学过程，发挥课堂教学的功效，沟通师生之间的感情。

多元评价主体参与，尤其是学生、教师参与，具有以下几个方面的优势：

第一，学校学生、教师参与评价全过程，增加了师生与评价部门人员之间交流沟通的机会，增进对评价策略的认识与理解，增强评价过程透明度。

第二，学校师生参与评价过程，能够促进师生对评价结果的认同度，有利于师生学习、工作改进。在评价过程中，教师与学生能全面了解学生生活及学习过程信息，亲身感验学习与工作中存在的优缺点，提高了评价结果的真实性，评价结果能为师生心悦诚服地接受。由于评价数据信息是师生亲身感受的，亲身感受的东西要比单一数据结果的公布、评价部门对评价结果的分析，更能引发师生对学习与工作的反思，更能激发他们对以后学习、工作改进的需求。

第三，学校教师与学生参与评价，会激发师生积极性，评价真实性得到较好保证。学校师生作为评价主体，消除了他们对评价的敌视态度，评价不再被认为是学校的事情，他们会以更加积极的态度参与到评价整个过程，评价信息更为全面与真实，提高评价结果公平程度。

第四，吸收家长参与评价能使家长较多掌握学生过程信息，了解学生学习过程存在问题与不足，能更有效地参与学校管理。其次，家长参与评价，不单纯得到结果信息，更重要的是了解结果数据来源，能使他们心悦诚服接受评价结果，有利于配合学校工作。[1]

案例3-5　以朗读评价为例

在学习《意大利的爱国少年》，指导学生朗读"热那亚的少年跳下床，站直了身子，大义凛然地说道：'你们侮辱我的祖国！我不要你们的钱！'"这一句时，为了让学生更好地理解"大义凛然"一词，感受少年光芒四射的精神世界。我是这样指导学生朗读的——

师：谁能把热那亚少年说的话读一读，让人感到他的"大义凛然"？

（第一个学生声音大，速度快。）

师：你们感觉到他的大义凛然了吗？

生：我觉得他虽然声音很大，但还不够愤怒，不够理直气壮。

师：那么你认为应该怎么读呢？

（第二个学生瞪着眼很大声、用力地读。）

师：你觉得自己读得怎么样？

生：我觉得我读得还可以。

师：你觉得好在哪里呢？

生：我觉得我读得很亮，很用力，让人觉得我是理直气壮的，我还能加上表情，

---

[1] 张亮. 普通高中学生增值评价研究 [D]. 山东师范大学 2010 年博士论文.

睁大双眼，让人觉得我很愤怒。

师：我也认为你读得很有感情，你能根据提示语读出斩钉截铁的语气，还能加上表情，让我们看到了你大义凛然痛斥对方的样子。老师觉得除了表情外，我们如果加上动作，一定能更好地读出自己内心的感受。来，挺直腰板，双拳紧握，怒目圆睁，把头扬起，然后再读一读。

反思：教师在朗读评价过程中，能冲破应试教育传统的评价，把评价权还给学生，突出学生的主体地位，通过学生互评、学生自评、教师评价这三种方式拓展评价的时空。同时教师能充分发挥导评的作用，结合教学实际，教给评价方法，从而使学生更好地认识自己，改进自己，提高自己。

朗读评价有很大的局限性。受时间、空间的制约，每一个体被评价的机会有限。因而我们要提倡评价主体的多元化，评价主体除了老师、同学外，还可以是学生本人、家长等。课堂上我们不妨让学生作自我评价，自信的学生会说自己读得不错，那就得让他再说明理由，这样学生势必进一步说出自己的感受；如果认为自己读得不好，就给他机会再读，或是让他与前面优秀的同学作比较评价后再读。也可以让学生下座位找自己的伙伴读，或是在合作小组中读，让同学评一评、议一议，交流各自的意见。有听众，有评价，在这样轻松、自由、能表现自我、能够与同伴们交流的空间里，学生的兴趣会更浓厚。课外，学生们每读一篇课文后，让家长除了认真签字外，还可以写上评语，夸奖的、指出错误缺点的、提出希望的都可。学生评价他人、被他人评价机会增多，受评价空间增大，多读多悟无疑会增强学生的朗读能力。[1]

[1] 张金桂，尚志中心小学，http://www.czjwb.com/jyky/ShowArticle.asp?ArticleID=799

第四章 教师自我反思的艺术

　　主动性的发挥是教师对自己进行评价的最佳状态，也是教师评价艺术体现的最好范本。探讨教师评价艺术，也必须对教师的反思能力进行较为详细的叙述。探寻反思的源头，自上个世纪 80 年代美国学者舍恩提出培养反思实践者的反思能力以来，反思开始正式登堂入室，成为了世界各国教师培养和教师教育研究的热点，关于教师反思的含义以及教师反思的培养等相关问题都取得了不少研究的成果，是引领目前教师教育研究的一面旗帜。

第一节　教师自我反思的内涵

一、反思的探析

（一）反思与反省、思考

　　与反思最相近的的词语是反省和思考，但是反思与反省、思考的内涵却有着很大差别。反省是指回想自己的思想或者行动，检查其中的错误；思考是指对反映在脑海中的特定事物的思想和考虑，但反思却有着比两者之和更丰富的意涵，反思是指通过回想、检查和考虑，从而对反映在脑海中的特定事物的否定和否定之否定的循环。反思包含了反省和思考的意义并有着更广泛的内涵，教师的自我反思尤其如此，同样包含了这些意思。教师的自我反思一方面来源于反省中的认知冲突，另一方面这种冲突的解决必须依赖思考的精细加工(对事物或问题情境的细腻的考虑）。教师的自我反思既要求对实际的教学工作中的正确理论、观念和有效的指导方针、原则等进行再肯定，也要对实际的教学工作中的错误的或无效的教学行为、指导方针、指导理念等进行再评判。这种对教师的自我反思是将平常中的反省和思考结合起来，并能够联系教师职业的实际，通过对教师的教学过程背后的理论和外显行为的再次加工而得到沉淀下来的产物。

（二）反思一词词义的历史演化

在我国，古代大教育学家孔子早在两千多年前就说过："学而不思则罔，思而不学则殆。"虽然探讨的是学与思的关系，但也透露出了要重视反思的意思。稍晚的曾子则说："吾日三省吾身，为人谋而不忠乎？与朋友交而不信乎？传不习乎？"已经能从更明确的角度——自己这个主体出发来对自身的品质、为人、学习方面进行自我的监控，不使自己误入歧途，荒废光阴。孟子也曾经说过"行有不得者，皆反求诸己"，强调了对于自己不能达到的境界，要能够反省自己，而不要只去归咎于外人或外力，强调通过自己的努力来获得自己的提升，这也是一个人提高自身的最好、最快捷的方法。

在国外，早期的希腊古贤哲们也对反思做过比较模糊但却经典的论述。比如，古希腊雅典娜神庙的大柱上的格言"认识你自己"，苏格拉底的"我知道，我一无所知"，亚里士多德的"以自身为对象的思想是万古不变的"，诸如此等，虽未对反思做出明确表述，但是却从一些侧面对反思的意义、作用等提出了睿智深刻的见解。

随着岁月的流逝，无论中外，对反思的理解一直处于智慧的感应中，缺乏理论上的研究，但到文艺复兴的时代，早期具有启蒙性质的哲学家们如洛克和黑格尔等开始较早对反思做出明确的解释。在传统哲学中，反思是一种通过唯心主义的角度来说明人的认识活动的，是一种具有较高价值的内审认识活动。在英国哲学家洛克的哲学中，反思是指自己的内心通过对自身所经历的各种活动的关注和反省，从而产生内部经验，这种内部经验是与外部经验相对应的经验的两种形式，因为在洛克的眼中，经验分为内省而来的内部经验和通过五官获得的外部经验，也即常说的感觉，两者共同构成了一个人所说的知识架构。可见，在洛克看来，反思对于一个人的学习和发展无疑具有十分重要的意义，不过在他看来，反思是几乎等于反省的，似乎并不够客观。黑格尔则在客观唯心主义形式下把反思变成一个把握事物内在本质的方式，黑格尔认为反思是对内心运动的一种把握，是专指对思想本身进行的反复的思索，是一种思想的自我运动，是对自我的一种解读。贝克莱把反思看成"对我自己的存在，即我自己的心灵、我的精神或在我之中的精神原则的认识方式。"他认为"反思是个体立足于自我之外批判地考察自己的行动及情境的能力。使用这种能力的目的是为了促进努力思考，以职业知识，而不是以习惯、传统或冲动的简单作用为基础的令人信服的行动。"胡塞尔认为："反思都具有意识变异的特征。"这种变异是指反思的发生都是源于观点的变化，由于特定的刺激而导致原意识发生冲突，原意识可被视作反思的基础，是反思发生的条件。[1]

（三）对反思的分析

当前教育学界普遍认为：反思是思维的一种，反思思维的培养是教师走向专业化的必经道路。那么到底什么是反思呢？不同的研究者有不同的看法，理应对此作出分析。

1. 反思研究的兴起

当代反思研究的兴起主要是源于杜威的《我们该怎样思维》（How We Think)一书。杜威在书中认为当对事物或者理论进行审慎的思考时，在考虑其充分性、合法性、合理性的时候，就是在反思。反思是一个极其有意义的过程，探讨的是客观的价值和正确的行为方针，在杜威看来，所谓的反思是一种"对于任

[1] 张志泉. 教师反思内涵及策略探析 [J]. 南通大学学报（教育科学版），2008（01）：10.

何信念或假定性的知识，主动地、持续地、仔细地考量它赖以成立的基础以及它所倾向的结论"，反思"包括这样一种有意识和自愿的努力，即在证据和理论坚实基础上建立信念"[1]。但是囿于反思只是一种思维方式，后代的研究者还是很难将反思的价值和意义在实际中转化为教师的自我反思的道路，而只能在理论中对反思的作用大加赞赏，但是广大的教师在这种文字上对反思的溢美之词除了表达赞同以外，剩下的更多的还是困惑。

但是这种局面在舍恩之后发生了改变，舍恩创造性地将行动研究纳入了反思研究之中，提出了"在行动中反思"的口号。一方面他将反思的批判思想转化为了现实的行为，另一方面行动中的反思迎合了当代行为心理学家们倡导的教育应符合教育现实的情境的观点，因此该见解获得了研究者和实践者们的高度重视，并推动了教育学界、心理学界对反思的持续关注、持续研究、持续推动。可以这样说，将反思和行动结合起来，是行为研究走进反思事件的有效途径，切实地为培养教师反思力创造了一个在大众教师中推广的可能。不仅如此，舍恩作为反思研究与行动研究的牵线人和倡导者，他还在行动中反思的基础上提出了"对行动反思中反思的反思"，舍恩提出这一概念与行动中的反思并没有什么特别的不同，但是其更加强调了在实践过程中的反思，突出反思在具体的实践过程中的性质和特点。继舍恩开启行动与反思的联系之后，对反思的实践做出新的见解的是凯林和托德纳姆，他们在舍恩的著作的基础上，对两者的关系做出了以下的划分：行动中的反思，行动后的反思和行动反思。对于任何一个老师来说，这三种反思都是反思型老师修炼的必备过程，三者相互关系，相辅相成。在这二人以及其他相关研究的基础上，范梅男构建了一个多层的教师反思模型，在这个三层次的模型中，一层比一层高，第一层的反思水平主要是涉及教学中会在课堂内具

---

[1] ［美］罗伯特·哈钦斯等.西方名著入门（哲学）[M].北京：商务印书馆，1995：114.

体使用的教学技巧或一些策略；第二层次，主要是包括在课堂内使用的针对特殊课程的教学策略以及教学后果的反思；第三层次，主要是对课堂内潜在存在的道德、伦理或者相关的规范标准的批判性反思，涉及到教学中的公平正义等概念。这三个层次具有很强的操作性，可具体用于不同程度不同阶段的教师发展反思型能力的需要，将在后面章节的教师反思的过程中予以更细致的介绍。

2. 反思的定义

如前述，因为看问题的角度不同，反思的定义众多，所以在给出反思的定义之前，本书试图提炼出大家对反思的共性认识。

(1) 反思的基础是建立在已经存在的原意识上的冲突。"问渠那得清如许，为有源头活水来"，反思不是无源之水，无本之木，反思的基础就是脑海中已经存在的原意识，因为不能有效地解决原来的问题，原意识就会在新情况的挑战下，产生冲突，这种冲突的源头就是原意识的不足，它已经不能够解决新问题，必须有所更新，有所发展。

(2) 反思是一种不断肯定和否定的思维选择。反思是对脑海中旧意识的一种再思考，思考的结论有两种，一种是对脑海中原意识的加强肯定，一种是对原意识的否定再生。当然完全的肯定或否定是很少的，多数情况下是对原意识的肯定和否定的双重改造，但不管怎样，一个真正的反思的过程必然会对原有的意识进行审慎、细致的思考，不断地进行肯定，肯定之否定，否定，或者否定之肯定，否定和肯定在反思的过程中会处在一个极不稳定的过程。

(3) 反思是一种自觉或不自觉的调节过程。反思是个人的内在心理状态在外在情境的刺激下发生的心理运动，它源于个人内心的活动，但是却会自觉或不自觉地投射出来，从而由内向外转化成对个人外在行为的指导和调节，使个人的心理状态与外界的情境保持协调。比如在课堂上，老师会根据学生对教学内容的反应，调整教学的方式、进度，使学生和自己处在一个能够互动的教与学的状态，并可能会矫正老师头脑中对学生学习持有的原来的认识，使之到一个新的水平上。

(4) 反思是一种内在主导的思维活动。反思的诱因是外在的情境，但是主因是内在的思维活动，或者叫做元认知的活动。反思活动是内在心理主导的，看不见，听不到，但是反思者本人却能够感受到，也只有反思者才能准确地感受到这种心理活动的激烈与否。比如，很多时候是无法通过外在的考核或教师评价来判断一个教师的发展的，但是一个反思型的老师很可能在外人看来非常平和的状态下就得到了专业技能的提升，甚至飞跃。

因此，反思的定义应该概括以上的共识，反思是由反思者自己内在心理主导，在外在情境的影响下发生的对自己的原意识的一种批判，并最终体现为对自己的行为或心理的一种调节。当然，正如狄尔泰所言："人文和社会科学的对象具有自我反思的能力。"本定义和其他的定义一样都不是完整的，有所欠缺的，是值得也应该是被反思的。

二、教师自我反思的定义

国外一些学者认为，教师自我反思是教师对于教育事件进行理性选择的一种思维方式和态度，其成分包括：承认教育困境的存在；在确认该情境的独特性以及与其他情境相似性的基础上，对这种情境做出回答；对这种教学困境进行建构和重建；采用不同的方法进行尝试以发现其结果和实质；检验所采用方法的预期和非预期的结果，对该方法做出评价[1]。这种认识基本概括了教师自我反思从开始到结束的一个完整的周期，首先必须从问题出发，然后才是对于问题的建构和解释，最后是对问题解决的评价。关于教师反思存在着以下几种不同的认识。

第一种观点：认为教师的反思是分析教学技能的一种技术，是对教学活动的

---

[1]　转引自李定仁、赵昌木．国外关于教师反思的基本观点 [J]．文摘赠刊，2003（06）：2.

深入思考，这种深思使得教师能够有意识地、谨慎地经常将研究结果和教育理论应用于实践。教师反思的目的是指导控制教学实践，使他们乐观地认为自己能够积极地影响教学实践。该观点的另一个明显的特征是认为新的信息(如新的教学方法、技能等)只能源于"权威"，而不能来源于自身的教学实践。

第二种观点：认为反思是对各种有争议的"优秀的教学观"进行深入的思考并以此做出选择，是对教育观念、教育背景的深入思考。持有该观点的教师能够考虑教学事件发生的背景，能够预计不同行为将会带来什么样的结果。此观点有两个显著特征。一是关注教育实践的发生背景、发展脉络；二是能够对特殊的时间、情境进行反思。

第三种观点：认为教师反思是对教学经验的重新构建。反思是教师理解、评价教学实践的一种手段，是对经验的重新组织和重新构建，并由此达到三个目的：(1)对各种教学活动的背景有新的理解。(2)对教师自身和教学活动的文化环境有新的理解。(3)关于教学的一些想当然的假设有新的理解。研究者一般认为，教学反思是教师对教什么和如何教的问题进行理性的和具有伦理性的选择，并对其选择负责任。其成分包括：(1)承认教育困境的存在。(2)在确认该情境的独特性及对其他情境的相对性了解的基础上，对这种困境做出回答。(3)对这种教学困境进行构建和重建。(4)采用不同的方法进行尝试，一起发现结果和实质。(5)检验所采用方法的预期和非预期的结果，对该方法做出评价。

第四种观点：认为教师反思是一种社会性的、公共性的活动，培养教师反思能力的最好方式是教师以及研究者之间的合作。持这种观点的研究者们反对将反思看作是一种教师个人进行的一种自我引导的内部反思过程，而是提出反思需要有一个教师活动共同体，在教师反思活动的共同体中，教师们在其中发现需要反思的地方，然后进行反思。现在越来越多的研究者倾向于将反思看作是一种个人参与的社会化的实践，他们认为，如果只是鼓励教师进行自我的反思，而不能给教师提供讨论的平台，那就将会阻碍教师个人化信念的发展。这是因为只有当信念对自己而言是真实、清晰的时候，我们才能与别人交流，才能促进个人信念的发展。

第五种观点：认为教师反思是一种个人化的、非公共性的活动，教师反思是一种在外在情境的影响下，反思者主动或被动进行的个人独自的内部认知活动。这种活动的产生和进行并不需要外在的帮助，即使有，那也是反思者自己的主动寻求。反思者正是在这种主动的心态中进行反思的，他根据现实的情境，自己去发现在教学工作中产生的问题，去分析它，并解决它，在这个过程中最终使自己的教学水平获得改进和提高。

综上所述，可见要想准确地对教师的自我反思做一个完整的定义是很不简单的事，但是为了本文写作的方便，并结合上文对反思的理解，本书将教师的自我反思定义为：教师在教育教学及与教育教学相关的过程中，受外界情境的影响，对自己已有的教育教学理论和观念的再次认识，并最终体现在对自己现在或以后的教学工作的改进之中的有价值的思维活动。

三、教师自我反思的心理学基础和特点

（一）教师自我反思的心理学基础

1.建构主义的认知理论

认知理论是以瑞士心理学家皮亚杰和前苏联心理学家维果茨基为主要代表开创的新的心理学派，该学派不同于行为心理学派，注重通过外显的行为来研究人的心理活动，相反，它寻求描述和解释复杂的行为过程后的个人的心理过程，这点用在教师的研究中，促使人们更加关注教师的内部思维而不是外部行为。这种认知理论在对于知识的获得中趋向于采用建构主义的观点。建构主义的理论关于

知识的获得基于以下的若干假设。第一，知识的构建的基础是文化构建型的，而非事实构建型的；第二，知识是社会成员内部分配的社会群体的知识大于个体的知识；第三，学习是一种主动的知识构建的过程，而非被动的过程。建构主义秉持某些共同的理论基础，但并不具有相同的看法，当代建构主义的基本观点有以下几个。

首先是在知识观上，建构主义在一定的程度上对知识的客观性和确定性提出了质疑，强调知识的动态性。传统中教师所学习、所掌握的知识是科技理性指导下的被科学认为是唯一正确的知识，掌握了它们就被认为掌握了世界运行的法则，就掌握了教师教学的正确的方法，但事实上不尽如此。建构主义批判这种唯科学论的知识法则，认为它忽略了人的思维内部加工的过程，忽略了人对知识的自主选择性，是对人的价值本身的一种背离。

其次是在学习观上，学习不是由外到内的转移和传递，而是学习者主动地建构自己的知识经验的过程，比如冯·格拉瑟斯菲尔德的激进建构主义理论的两条基本原则之一就是，认为知识不是通过感觉或交流而被个体被动接受的，而是由认知主体主动构建起来的，是由新旧知识的相互作用而获得的。一般来说，建构主义的研究者认为这种知识构建过程具有三个主要特征。第一是主动构建性，在新问题、新现象面前，学习者需要自发地激发脑中具备的原有知识来从更加概括的层次有自主意识地、持续地、连贯地对新知识进行分析加工，以学习的主人的态度来决定知识的获得、改进或者更新。第二是社会互动性，建构主义理论强调实践者社会参与的重要性，知识的获得不是凭空想象获得的，学习者本人必须自己主动地参与到学习活动的团体中，以一个学习共同体参与者的身份来获取知识。第三是情境性，建构主义者眼中的知识不是客观的，其中重要的一个原因就是因为知识只有放在情境中才能被赋予一定的意义，传统的理论认为，知识是独立于情境的，知识的获得可以通过课堂、通过老师的讲授得到发展和提升。但是因为情境是千变万化的，所以，教师学到的理论、教师掌握的抽象概念是脱离实践的，教师只有将这些概念结合到具体的实践中才能获得真正的、有实际意义的真知识，而不仅仅单纯是一套关于社会运行的符号体系。

最后是在教学观上，因为建构主义强调知识的自我选择、自我建构。加州大学的维特洛克认为学习是学习者主动地构建内部心理表征的过程，新知识的获得需要与他以前的经验相结合，新知识的理解涉及到学习者原有的认知过程及其认知结构，因此在这种理论指引下，对于传统的教学观是一种批判的态度。传统的教学观把老师当成了权威，当成了知识的的留声机，认为教师只要遵循正确的教学方法，学生就能顺利地获得要学的知识。与之相反，建构主义认为，知识是内部不断选择和构建的过程，教师作为教授者就要能够学会逐渐转变角色，教师不仅是要教学生，更是要激发学生的学习兴趣，激发学生掌握知识所需要的那种努力，使之保持一颗对知识海洋的向往之心。

2. 内隐学习理论

内隐学习理论是美国心理学家瑞博尔在1967年他的一篇名为《人工语法的内隐学习》著作中首次提到的。文中瑞博尔首次使用了"内隐学习"一词，他根据人在学习过程中主观意识的参与与否，将学习划分为"外显学习"和"内隐学习"两种，内隐学习理论的提出是对传统的学习理论——以外显学习为主的观念的一种突破。根据瑞博尔的观点，所谓的"内隐学习"，是指学习者无意识地获得关于各种复杂性知识的过程，这种通过内隐学习获得的知识具有偶然性，没有明确的规律性，也很难说出甚至很少意识到它们的存在。华东师范大学的郭秀艳在其著作《内隐学习》一书中将内隐学习明确定义为：内隐学习是一种自动的、不易觉察的、对复杂规律敏感的学习，并呈现出以下的四个特征。

自动性。这种自动性是内隐学习的最大特征，是指内隐知识的获得是在无意识的参与情况下获得的。根据内隐学习的理论，在某些情况下，存在一种内隐学习效应，内隐学习的效果要优于外显学习，内隐学习的本质可以让内隐学习者比在外显学习情况下更能运用无意识在一个更大的范围内感受发现到万事万物的复杂的运行机制。

抽象性。抽象性是指在内隐学习过程中获得知识，不是具体的陈述性知识，而更像是概括性的机制性知识，更多体现出的是一种规则性、规律性。因此这种方式获得的知识可以在不同但又有相似性的情境中进行迁移，用以指导其他类似问题的解决。

理解性。这种理解性是因为内隐学习的知识是无意识参与获得的，因此很多知识不能够被意识明确地理解到，因此对于这些内隐知识，获得者的理解是有限的。虽然理解有限，但是它们又的确是内隐学习者获得的真实的知识，教师仍然可以在必要的时候调动它们，使用它们，来辅助达到问题解决的目的。

抗干扰性。内隐性学习具有较强的抗干扰性，这种内隐学习的抗干扰性体现在：不受年龄大小的影响；变异性较低；与人的智力水平关系不明显。为什么呢？因为内隐性知识通常都是被记忆在某个安静的角落，不容易受到外界变化的影响，也较少地参与到平常学习中一般性知识的更新中。因此，一旦获得了这种类型的知识，它们就能较长时间地保存在记忆中。

内隐学习对于切实地认识教师群体的知识获得、观念改变具有很大的启发作用。如在新课程改革中，教师观念的改变是其重要任务之一。但是在当前针对教师大规模的理论培训中，教师可以滔滔不绝地说出新课程的新理念、新观点，一段一段的新理论体系，但是在实际的实践教学中，教学方法仍然没有任何改变，依然"穿新鞋，走老路"。这到底是为什么呢？

根据前面所介绍的博兰尼关于知识的划分，显性知识和缄默知识的获得应该有不同的途径。结合本小节的内隐学习理论，可以感受到显性学习获得的显性知识并没有和缄默知识获得联系。教师的培训使老师增加了显性知识，但是并没有有效地让老师认识到通过内隐学习来反思获得缄默性的隐性教育观念，并真正用于实践的教学中。

因此，应该注意在教师的培训和评价过程中将有意识的外显知识和无意识的内隐知识联系到一起，相互促进。特别是要给予教师容易忽略的无意识的内隐知识更多的关注。一个教师在成为教师之前，平常获得的日常生活经验很多会变成教师的缄默知识，这些缄默知识会对教师以后的教学产生润物细无声的影响。如果没有给予教师必要的关于这些潜在的缄默知识的了解，教师没有充分地去反思自己的这些经验，那么教师就很难意识到真正支配自己的教学理念到底是什么。即使教师意识到这一点，也需要教师在日常的教学生活中不断地关注自己的内隐学习，通过评价艺术来强化，不断地意识和增加教师的内隐知识水平。因为相对于日常的生活经验，教室内发生的、学校里发生的与教学直接相关的教师经验会更大程度上影响到教师的健康发展。因此需要让教师树立重视内隐学习的观念，重视平常获得的缄默知识对教学活动的看不见的但却重大的影响力。也只有这样，才能在对教师进行培训和评价时，防止教师将正确的培训观念和评价理论被自己心中的内隐知识同化成内生的错误的观念，错上加错，长久地影响到教师正常的教学活动，而是要能够及时地更新教育观念，紧随时代对教师的新要求，不断地获得进步和发展。

3. 教师元认知和教学监控理论

(1)元认知理论是认知理论中对教师反思最具指导和实践意义的理论载体。根据弗拉维尔的观点，元认知是对认知的再认知，仔细地说就是关于个人自己认知过程的知识和调节这些过程的能力，对思维和学习活动的知识认知和控制。他将元认知分为两个相互联系但又相互独立的部分：元认知知识，对认知过程的知识和观念的掌握；元认知监控，对认知行为的调节和控制，前者知道做什么，后者知道该怎么做。具体来说，元认知知识是对有效完成任务所需的技能、策略及其来源的认识。它具体包括以下三个方面：对个人作为学习者的认识，对认知目标和任务的认识，对有关学习策略及其使用方面的认识。元认知监控是运用自我监控机制确保任务能成功地完成，是对认知行为的管理和控制，是主体在认知过程中将自己正在进行的认知活动作为意识对象，不断地对其进行积极、自觉的监视、控制和调节。元认知监控包括以下三个方面。

计划，即根据认知活动的特定目标，在一项认知活动之前计划各种活动，预计结果，选择策略，想出各种解决办法，并预估其有效性。

监控，即在认知活动进行的实际过程中，根据认知目标及时评价、反馈认知活动的结果与不足，正确估计自己达到认知目标的程度、水平，根据有效性标准评价各种认知行动、策略的效果。

调节，即根据对认知活动结果的检查，如发现问题，则采取相应的措施，根据对认知策略的效果的检查，及时修正、调整认知策略。

元认知的使用对于教师具有重要的作用。第一，元认知可以提高认知活动的效果和效率，元认知能够有效地激发教师的学习能力，唤醒教师沉睡的潜力，促使教师能够调动各种资源，充分运用听觉、嗅觉、触觉等来提高学习的效率。第二，元认知的发展可以促进教师智力的发展，这与上一方面是紧密对应的，知识的增加本身就是能力获得提升的一个重要标志。不仅如此，元认知的发展可以促进知识向能力转化，能力的提高也可以促使教师获得更多的资源来促进自己的发展。第三，元认知的发展可以有助于教师个体发展自己的主体性，个人的主体性直接与教师的反思能力相关联，个人的自主性越强，则反思能力也就越强，也就越能帮助教师本人更好地从客观的角度来认识自己在教学中遇到的各种问题。元认知的发展与教师的反思能力两者是相互促进的。

元认知理论在教师的发展中取得实际的作用，需要依赖于一系列策略的正确使用，如贺尔特在其以学生为例子的研究中就发现：学习好的学生比那些学习差的学生更多地使用元认知的策略来保证自己的学习方向和提高自己的学习效率。在学习中采用有效的学习策略可以帮助学习者高效地分析知识内容，形成结构框架，有助于学习者采用学习技巧来复述和掌握重点，形成联想等方法来记住将要学习的内容。同理，这对于教师的学习也具有很强的指导性意义。另外，元认知理论具有代表性的策略有以下几点，这些也是在教师评价艺术中应该给予教师以提醒的重要参考点。

教师自我计划策略，是指在认知活动之前，个体需要明确目标，预先计划好各个步骤，预测可能的结果，选择适当的策略，准备好处理可能出现的各种突发状况的完整预案以供参考。教师的自我计划可以帮助教师对自己长则一生的职业教育生涯、短则一节课的教学进行预先的规划，为各种变化和改进提供依据。

教师自我指导策略，教师需要将教学过程预先在自己的脑海中或者通过书面等载体的方式表现出来，自己去发现可能的问题，用以督促自己去改进，去发展。

教师自我监控策略，教师需要有意识地对自己的行为或者思想进行有效地监控，因为在任何一堂课中，教师所要展现给学生的都是重要的学习资源，比如教师的注意力，注意力是一项重要的教学资源。在课堂上，如果一个学生走神，那么可能就是只有一个学生走神，但是如果老师不能有效地监控自己的注意力，陷入走神的话，那么所有的学生都将会处在走神的不正常教学状态中。那么教学的效果就会受到教师自己的挑战。

教师自我调节策略，是指个体对自身某些行为或精神状态的有意识的关注，并根据一定的标准做出调整的策略。比如，上面提到的老师在课堂上走神的例子，如果老师自己也监控到了，那么接下来就要采取一定的调节策略，调整自己的教学状态，从走神的话题上回到正题，继续进行正常的教学，并有可能根据实际的需要做出一定的补救措施。

教师的自我评价策略，评价是个体根据一定的标准来思考得失利弊并最终指向规范自己行为的过程。继续用上面的例子，如果教师对这堂走神的课进行认真的回顾，必然会注意到走神给正常的教学带来了不好的影响，那么这次走神是怎么发生的，应该如何避免下次再发生同样的事情呢，这次是怎么发现走神的，怎么补救的，下次怎么补救会更好呢？诸如此类的问题，会让教师在自我评价的过程中反思，获得经验和教训，这自然有助于教师专业水平的不断成长。

当然，也有不同于弗拉维尔将元认知进行两分法的观点，也有人将元认知分为三个部分：元认知知识；元认知体验，主要是指伴随着认知活动而产生的情感或者认知体验，强调了元认知的情境因素；元认知监控。三分法的基本理念与上述二分法的内涵基本一致，这里不再详细进行介绍。

(2)教师的教学监控能力的理论是建立在社会认知理论、社会建构理论以及自我指导理论等基础之上的，教学监控能力理论被认为直接源于元认知理论中的元认知监控理论，在教师的反思培养中具有特殊的位置。在我国较早进行教师自我反思研究的北京师范大学的辛涛和申继亮就十分重视对教学监控能力的研究，并认为教学监控能力是培养教师反思能力的关键所在。在他们的研究中，将教学监控能力概括为"教师为了保证教学的成功，达到预期的教学目标，从而在教学的全过程中，将教学活动本身作为意识的对象，不断地对其进行积极主动的计划、检查、评价、反馈、控制和调节的能力。"[1]两人同时又根据教师发展的路径，将教

---

[1] 辛涛、申继亮. 关于教师教学监控能力的培养研究[J]. 北京师范大学学报（社会科学版），1996（01）：35.

师教学监控能力发展总结为以下三个特点，并得出三个结论。

第一，从他控到自控。顾名思义，所谓他控，就是指教学活动为外界所控制；而自控则是教学活动是由自己独立自主地进行调节管理。在教学监控能力获得发展之前，教师的教学活动通常是受制于外部环境的，主要是依据"书本上怎么写、专家怎么说、领导怎么要求、同事们怎么做"来被动地、甚至是机械地进行教学，一旦脱离书本，没有其他人的指导，就束手无策，不知道怎么办了。随着有关教学规律、学生状况、教材理解以及自身特点等方面知识的不断丰富，教学监控的检验日益增多，教师的教学监控能力便由低级到高级发展起来了。这时在教学活动中专家的地位就下降了，教师的教学监控能力逐渐发挥其主导作用。可见，教师教学监控能力的发展是呈现由他控到自控发展的趋势。

第二，敏感性逐渐增强。教学监控的敏感性是指教师根据教学情况和学生反应对自己的教学活动做出最佳调节和修正的灵敏程度。它一般包括对教学情境中的各种线索的变化的敏感性和在不同问题情境下对教学策略的激活和提取的敏感性这两个方面。前者直接决定教师进行教学监控的信息反馈水平，后者则与教学监控能力中的调节水平密切相关。一般而言，教学监控能力较差的教师在很大程度上是因为上述一个或者两个原因的敏感性差所致。因此，敏感性是衡量教师教学监控能力高低的一个重要指标，敏感性的不断提高是教师教学监控能力不断发展的一个明显特征和突出表现。

第三，迁移性逐渐提高。教学监控能力的迁移性是指教师教学监控的过程和方式可以从一种具体的情境迁移到与其相同或类似的其他教学情境中去。教学监控能力高的教师的一个明显特点就是善于将以往的教学监控的经验有效地应用于目前从事的教学工作中，表现出良好的迁移能力；而教学监控能力差的教师，他们可能并不缺乏教学监控的知识和经验。所以，迁移性的增强是教师教学监控能力真正提高的一个重要标志。

总之，角色改变技术、教学反馈技术和现场指导技术能够明显地促进教师教学监控能力的发展；教师教学监控能力的发展能显著地促进其教学认知水平的提高和教学行为的改善；教师教学行为的提高可以被视作教学监控能力发展的外在标志；教师的教学监控能力的发展最终会显著地促进学生的学科能力的发展，也会明显地促进学生学习成绩的提高；在开展教师评价艺术中，必须将提高教师的教学监控能力放在一个十分突出的位置上，力图通过教师教学监控能力的发展来提高教师的专业教学技能。

（二）教师自我反思的特点

1. 教师实践知识的反思特点

知识也可以分成实践知识和理论知识，两者是相互区别又相互联系的。两者之间没有绝对的谁为前提谁为结果，两者是互为前提、相互促进的关系，但是两者有着明显的不同。理论知识都是结构化的、成体系的面状知识，而实践知识通常都是情境化的、非结构性的点状知识。因为在具体的教学过程中，教师不可能是直接用理论去处理问题的，必须根据具体的情境来分析问题、解决问题。而且教师在学校或者在培训的过程中接受的都是理论知识，更加需要根据实践来检验发展自己的实践性知识。挪威的教师研究专家汉德和赖沃斯在其合作提出的教师实践理论的体系中就指出教师的实践理论是个人经验、传授的知识和价值观三部分的有机融合。这里传授的知识就是所说的理论知识，实践知识大致类似于个人经验，但是个人经验必须经过教师的加工才能真正地转化为教师的实践性知识。连接这两者之间的桥梁就是教师对个人经验的反思，实践过程的反思也是教师从毕业学校走进教室，从生涩走向专业的进化过程。作为教师实践性的知识，实践过程的反思性、实践对象的情境性、实践形式上的个人化和实践性知识的缄默性都需要教师去不断反思，不断批判。

2. 教师实际学习的反思特点

首先，教师的学习是问题导向的学习，教师学习不像学校里的学生，他们的学习是由外在的任务要求的，教师学习的起点是他们在实际的工作中遇到的实际问题，这也是教师不断需要学习的动力。其次，教师的学习是内部的学习，因为问题解决的心理需要是内部的，这要求教师在学习的过程中要能够自我投入到学习的过程中去，主动地将学习的知识运用到教学的实践中来，从而将学到的知识切实地转化为自己的教学技能和技巧。最后，教师的学习是自我导向式的学习，教师作为一个成人，做事已经具备了自我监控的能力，往往能够积极地、主动地选择自己的学习内容、学习方法，也喜欢对自己的学习进行长期或者短期的规划，较少受到外界的干扰，并且能在学习的过程中针对环境的变化主动地进行调整。所以自我导向的学习是自己掌控的学习，教师会自己做到自我诊断，自我学习，自我改进，自我发展，提高自己的反思水平。

作为一个教师和教师评价者，必须要认识到教学监控能力培养的可行性、必须性、艰巨性和长期性。教师也必须要认识到，教学监控能力的发展过程从某种程度上来说就是教师要学会自我反思和掌握反思技巧的过程，教师要注重在日常的教学中培养这种必需的能力。

第二节 教师自我反思的意义

教师自我反思的兴起源于现代教师教育研究中对教师专业化发展方向的批判。标准化的教师资格证制度通过严格的考核程序将教师变成一个不折不扣的教书匠，这种理论认为只要让教师具备了教育学、心理学的教学技能知识，就可以按照教学过程的输入、输出让学生掌握所要学习的内容，教学过程是一个可以控制的机器生产过程，教师教育的关键是把教师培养成一个合格的生产操作人员，针对教师的评价亦是如此。但随着这种观念的逐步实施，可以发现真正的专业化的教师不会只是一个单纯教学的操作人员或者技术人员，如果一个教师不能够在各种特定情境下进行自主思考，不能做出独立的判断，不能有效地应对各种不同的教学问题，那么就不能称之为真正的实现了专业化的教师，因此在此背景下，培养教师的反思能力研究成为热潮。美国的心理学家波斯纳曾经提出教师的专业化发展公式就是：成长=经验+反思；同样是来自美国的格雷琴·施瓦茨和乔伊·艾伯特更是认为，教师专业不同于医生、工程师和法律专业，他们甚至认为，与其称教师为专业，不如称教师为反思性职业；日本的学者上寺久雄也认为："教师成长和发展的第一步，就在于教师自身的反思、教师自身的评价和教师自身的自我改造。"[1]我国的心理学家林崇德也持有类似的看法，他认为：优秀教师=教学过程+反思。可见反思力的培养对于教师的专业化发展具有十分重要的意义，这种意义具体可以概括为以下几个方面：

一、有利于激发教师内生动力导向的自主发展

传统的外在教师培养的模式由于费钱费时，一直受到研究者们的广泛批评，自20世纪80年代以来，各国都在改革和寻求新的教师"学习"与成长模式，研究者提出了很多风格迥异的教师培养模式，如教师能力本位运动（CPTE）、教学效果本位运动（PBTE）和学校本位教师发展运动（SBTE）等，其中反思型的教师培养模式由于其独特的特点而受到人们的钟爱。因为"它至少在两个方面的功能上优于传统的教师发展模式：一是通过强调教师对自己的教学实践的考查，立足于对自己的行为表现及其行为之依据的回顾、诊断、自我监控和自我调适，达到对不良的行为、方法和策略的优化和改善，提高教学能力和水平，并加深对教学活动规律的认识理

[1] 李·舒尔曼，王幼真、刘捷编译．理论、实践与教育的专业化[J]．比较教育研究，1999（03）：36-40.

解，从而适应不断发展变化着的教育要求。二是赋予教师新的角色定位：教师成为研究者(teacher as reseacher)。通过教师成为研究者，使教师工作获得尊严和生命力，表现出与其他专业如律师、医师相当的学术地位，使教师群体从以往无专业特征的'知识传授者'的角色定位提高到具有一定专业性质的学术层级上来，进而改善自己的社会形象与地位。此即所谓的教师赋权运动。"[1] 第二点强调的教师成为研究者，正是教师自己成为推动自己向专业方向发展的内在动力，教师可以通过反思的进行，充分地认识到教学所在的背景，同时也能够更加了解自己和自己的学生，那么教师在这种行动的研究中就会真正地被赋权，教师将从统一的教学要求中走出来，教师会用自己内生出来的强烈的使命感对待教学中的问题。那么教师看待问题将会更加开放，同时也会更加深刻，在洞悉自身的力量下，教师将会改变过去静态的眼光，变得动感起来，从而能够与时俱进，及时、充分地提高自己应对学校和学生变化的要求，实现自身专业化的永续发展。

二、有利于促进师生身心的健康发展

大工业机器发展导向下的老师的培养目标是："教学技术专家"的教书匠，教书匠的目的是教学的高效果和高效率，是忽略人的特性的培养目标和评价标准。达到这个目标，需要教师掌握教学技术，而教学技术的掌握是不考虑教师作为个人的社会文化和伦理情感的需要的，教师被视作工具，学生也只是摄取知识的容器，这种技术理性下"单向度的人"是身心分离的，无法真正实现教师的全身心的投入，无法实现教师的爱教、乐教，对教师的成长不利，更别说是对学生了。因此，培养反思型的教师要求教师能够认识到教学活动并不只是单纯的认知活动，教师不只是在教书，学生也不只是在学习课本，真正的教学活动是师生在一个社会文化背景下进行的认知、情感和态度等诸多因素共同参与的互动的综合

---

[1]　张立昌．试论教师的反思及其策略 [J]．教育研究，2001（12）：18.

性的实践活动。为了实现教学的目的，教师不仅要会教，也要教得对；不仅要让学生获得知识，也要让学生获得文化修养；不仅要让教师自己能教，也要让教师自己爱教。通过反思的作用，让师生在教学中得到快乐和幸福。

三、有利于促进教师教育教学水平的提高

通过反思，教师可以对自己的理论和技巧使用产生新的认识，这种新的认识有的是可以继续和发扬的优点，有的是需要消除或改进的缺点，反思作为一种自我的批判和检验，可以有效地使自己的教育教学水平得到提高。这种提高主要是发生在教学的三个过程之中，教学前的计划、教学中的行动以及教学后教学效果的评价。教学计划的设定是基于教师掌握的知识和教师先前的教学经验，它是教学活动具体开展的行动指南，具有前瞻性、预测性和指导性。教师如果能够根据教学内容、教学对象等制定一个好的教学计划，那将会大大提高教学的质量。教学中行动的反思是教师在教学过程中各种教学行为的开展，教师在教学过程中充当着诸多角色，是知识的传授者，也是问题的解决者，特别是对教室内突发问题的处理，体现着教师的前期反思水平，对教学行动的反思将对听课的学生产生直接的影响，并会不断提升教师对教学的驾驭能力。对教学效果的反思可以减少教师在教学过程中误入歧途，走偏路，增加未来教学的针对性和主动性，使教师能够高效地教和学生高效地学。

四、有利于搭建联系教育理论与教师实践之间的桥梁

教师反思的倡导者们，从最初反思的倡导者杜威到后来"行动中的反思"的提出者舍恩，都十分强调反思对教师将教学的理论与教学的实践联系的重要性，反思可以被视为是有效地联系教育理论与教师教学实践的桥梁。任何一个好的教育理论都能够对教师的教学实践产生有效的促进作用，因为好的教学理论是研究者们花费大量的时间通过观察教学实践或者阅读大量专业文献，可能还需要通过

与很多人的合作交流，并需要研究者经过对大量材料的梳理、提炼、思考以及总结，最后产生的研究成果。但是由于研究成果本身的理论性太强，只是对教育规律的把握，面对教师的实地教学，要想真正地使这些理论发挥作用，必须要有教师发挥他们的中介作用。实地的教学由于受众等因素的影响，因此千差万别，不一而同，哪个理论也不可能对这些情况的处理——予以叙述，因此要通过反思让教师认识到：一是教师教育学习的理论不是完全根植于教学实践的，而是对教学实践的总结或者是研究者纯逻辑思考的产物，因此理论的指导性和实践的操作性之间存在着一定的差距；二是教师也不能完全以有无教学实践的效果或者教学实践的效果大小来判定教师教学理论的取舍，教师要认识到教学理论的超前性，因此对于学习的教学理论要能够全面客观地来看待。这两点就是要求教师作为真正的反思者需要将理论和实践紧密地联系起来，教师要能够从实践中来，得到理论后，又能够回到实践中去，不断地在实践中和理论中得到双重的营养而实现快速的发展。此外，还应该提倡的一点是应该鼓励教师对教育理论的学习，培养教师成为独立的研究者，特别是引导教师养成在教育理论指导下进行具体的行动研究的习惯，通过行动研究构建教育理论和教师实践之间的密切关系，同时促进教师的专业化发展。

五、有利于促进教师实践知识的积累

过去的教师培养专注于教师教学技能知识的获得，忽略了对教师获得千变万化的教学实践性知识能力的培养。教师反思可以增加教师知识结构中的实践性知识的获得和提高，因为反思的直接对象就是众多的教育实践中遇到的问题，而这些问题由于特定情境的特点又是各有特点的，因此，教师不能仅仅立足于这些知识的掌握，也需要对其进行反思，"如果一个教师仅仅满足于获得经验而不是对经验进行深入的思考，那么，即使是有20年的教学经验，也许只是一年工作的20次重复，除非善于从经验反思中吸取教益，否则就不可能有什么改进。"[1]实践性知识的特点决定了教师不可能像学习条件性知识那样简单，这些知识的获得一方面需要常年不断地累积，另一方面也需要教师不断地对其进行反思，只有做到这两点，才能够不断地使教师向专业化方向发展。因为一个教师专业化程度如何，往往是体现在对课堂中出现的具体问题的处理上，而不是对教学理论的掌握，教师反思是比较好地掌握实践性知识的好方法，教师专业发展和教师评价艺术中尤其应该予以注意。

第三节 教师自我反思的过程与内容

教师自我反思的内容可以视为教师评价的主要内容和教师评价艺术应该予以重视的地方，它主要是探讨教师与教育教学相关的内容，当然"教师"其实本身就是一个有着丰富内涵的词语，它可能包括中小学老师、大学老师，甚至幼儿园老师，从学校内部来看，可能包括一般授课老师，也可能包括学校的领导、相关职能人员，甚至学校的后勤工作者，而本书所言的"教师"当然主要是指与学校相关的直接从事教学工作或与学生有课堂接触的教学老师。这种狭义类型上的学校老师的主要职责是教学，因此教师自我反思的主要内容应是针对教学的反思，因此为了从本书实用性的角度出发，针对教学的反思基本上代表了教师的自我反思，在这里不对两者做严格的区分。

一、教师自我反思的理论研究成果

（一）教师自我反思的过程

1. 杜威教师反思的六个阶段

杜威不仅是教师反思的倡导者，并且亲自进行过研究，如对于反思的过程就有自己的独特研究。在杜威的研究中，杜威将教师的反思过程划分为六个部

---

[1] 张立昌.试论教师的反思及其策略[J].教育研究，2001（12）：18.

分。第一步是暗示，暗示就是要将遇到的问题放到自己的心中，思考问题产生的原因、情境以及解决问题的资源条件等。第二步是问题，通过暗示的作用，将遇到的问题明朗化、理智化和准确化。当不能确认问题在哪里时，需要对形成问题的情境进行思考，确认对问题的准确理解，将原本含糊不清的问题转变得明朗起来。第三步是假设，假设是处理问题的一种初步指导方针，在采取具体措施之前就对问题的解决思路和材料的收集进行不断地确认，假设是一个流变的过程，处在不确定和随时变化之中。第四步是推理，推理是对处理事情的一种预先演练，是在采取措施之前的认真的推敲。"推理有助于知识的扩大，同时，推理也依靠自己已有的知识，依靠知识传播的便利以及使知识成为公共的公开的资源的程度。"[1]第五步是检验，检验是对假设和推理所产生的行动的检验，是对问题解决的一种实际操作。如果检验的结果是错误的话，那么这种错误也将会成为问题进一步被解决的经验，错误也是一种收获，是下一步成功的条件；如果检验的结果是正确的话，那么将证实先前的反思是正确的。第六步是预测，预测是由杜威对自己的前五步的进一步反思而得来的，是指对未来的预测。每一个问题的解决都包含着一个预测，预测的最后导向是事物发展的内在规律。这六步不仅构成了反思的一个过程，也可以在每一步过程中进行独立的反思。

2. 汉德和赖沃斯的教师反思的三个过程

第一个层次：常规的教学行为。教师在具体的教学过程中发生的行为，如讲课、提问、答疑等，这些行为是纯外显的，可以看得见摸得着，是在日常教学过程中发生的最常见行为。

第二个层次：计划和反思。计划和反思是教学行为背后教师理念的体现。计划是在课堂教学行为之前，教师要根据课程的要求和自己具备的教学技能来安排

[1] 约翰·杜威，姜文闵译．经验与教育 [M]．北京：人民教育出版社，1991：92.

课堂的教学进程，包括技能使用、时间安排、提问答疑等。反思是在教学之后对自己的教学技能使用、教学进程安排以及最终教学效果的思考，一堂课有哪些成功之处，有哪些经验教训，并最终使用到下一堂课中。

第三个层次：教学实践的伦理思考。伦理的恰当性是教师成为一个专业教师的基本要求，所以教师应该不断地反思自己的道德和伦理。如何在课堂上尊重学生的个性，如何保护学生的兴趣，如何为学生提供一个亲切的学习氛围，这是学生的希望，也是每一个渴望成为优秀的老师的渴望，是反思型老师的不断追求。

这三个过程构成了一轮反思的完整的轮回，这三个过程不是一个一次性的过程，而是一个持续不断的进程，一个过程完成后，另一个过程就会开始，一个轮回完成后，一个新的轮回就会开始，会在一个新的层次上进行。第一个层次是后两个层次在先前反思的结果，而这个层次的教学实践也会成为后两个过程的反思材料，三者构成了反思的一个完善的有机整体。

3. 张立昌按教学内容划分的教师教学反思两层次

张立昌在《试论教师的反思及其策略》中根据系统论的层次分析原理，按内容将教师反思分为两个层次。一是一般性和相关的背景性问题层面，二是具体性和确切性问题层面。教师在反思中引起反思的原因和首先反思的对象就是教师遇到的具体的问题，在众多的教学行为中，教师反思的对象肯定是教师觉得应该引起反思的，这些具体的确切的教学问题是教师认为与自己的教学理念不符或者达不到教学目的的东西，它们的存在形式是多种多样的，在特定的情境下，教师必须在可能的情况下尽快做出选择。在这些具体的教学问题的反思之中，又隐藏着社会基本背景的一般性规律和学校的一般基本情况。任何教学行为都是在这种大的背景下发生的，问题的解决当然要考虑到这种背景知识，因此，自己所需要反思的一系列教学行为应该也会体现出自己背后所掌握的理念的情况，仔细地了解这些情况，能够把握自己的认知趋向和情感特征，这些对于对自我进行深刻的反思将会是非常有利的。

（二）教师教学反思的水平

1. 范梅南的教师教学反思水平的三阶段理论

范梅南依据前人的研究结果，又结合自己的反思，将教学反思水平划分为三个阶段：

第一阶段：技术的合理性反思阶段。范梅南将这个阶段称之为经验—分析型的思维模式。在这个阶段里教师是刚入职的教师，专业理论知识比较充分，但是缺乏真实的教学实践经历。因此，在这个阶段里，教师们缺乏的是对理论知识的具体应用，教师们迫切希望了解的是正确的教学技能技巧，他们希望能够按照教学的要求将所要教授的知识顺利地传达给学生。在技术的合理性阶段里，教师们还看不到其他问题，他们把重心放在了对具体教学技术的掌握上面，这个阶段也是教学反思的最初级阶段。

第二阶段：实践反思阶段。这一阶段又被称之为解释学和想象学的思维模式阶段。在这个阶段里，教师已经掌握了大量的教学技能技巧，教师已经能够熟练地向学生传递所教知识，教师开始逐渐地关注所教内容的意义、价值以及所教内容背后所依据的可能和假设。教师开始逐渐地脱离表面的规定，而更加能够通过自主的选择自己认为正确的东西，教师开始了对自我的评价，开始注重自己持有的教育价值观对自己的影响，并注重在教学实践中对自己的教育价值观进行不断地修正。这个阶段是教学反思的中级水平。

第三阶段：批判性反思阶段。这一个阶段也可以称之为批判性的辩证思维模式。在这个阶段里，教师已经超越了实践反思阶段和技术的合理性反思阶段，在批判性反思阶段，实践在教师的眼中是不确定的，同时又是确定的。不确定是因为教师将教学目标、手段、背景等都视为变化的，会因为个人情况的不同而不同，是在万千可能性中选择出一种；确定是因为教师持有的观念是道德和伦理的取向的，是教师的个人价值观主导的。在这个阶段，教师将会主动地选择对社会和学生有益的教学方式。批判性反思阶段也是范梅南眼中教学反思的最高水平，也是教师评价艺术的最高追求。

2. 兰格和卡尔顿关于教师反思的观点

兰格和卡尔顿在分析教师的教学日记时，通过他们对教学事件的描述方式和对事件作解释的方法和规则，将教师的自我反思分为以下七种反思水平：

一是没有描述的语言，对教学事件不会解释；

二是会用比较简单的语言来对教学事件进行描述；

三是能够使用学过的教育学的专业术语来描述发生的教学事件；

四是会用传统的、具有个人化的语言对发生的教学事件做出解释；

五是能够使用教育学理论或者教育学模型来对教学事件进行解释；

六是能够在广阔的背景中对教学事件进行解释；

七是能够在解释教学事件时考虑到道德伦理等因素。

兰格和卡尔顿关于教师反思水平的划分因为是基于教师的反思日记，划分得比较简单和通俗，因此比较容易理解。

3. 刘家霞教师教学反思发展三水平论

第一水平：前反思水平。前反思水平关注的重心是教学方法和教学技巧，教师希望能够在目标和现状之间快速找到怎么做的方法。这一阶段反思本身的内容较少，教师的主要的落脚点是获得教学技能，因此又可以称作教学技术水平。

第二水平：准反思水平。在准反思阶段，教师开始将关注点从教学技能慢慢转为教学技能背后的假设，目的就在于对教学内容、教学目的进行反思。在准反思水平上，反思主要根据自己的经验来探究自己教学行为的意义。

第三水平：真正的反思水平。在真正的反思水平上，教师将变得更加开放，一方面教师将完全将自己的心思暴露给自己，不将自己围于自己的内心，而是开放地面对它；另一方面教师开放地对待整个教育过程，包括教育的具体行为、教育目的、教育背景、教育背后的意识形态、体现的道德伦理等。真正的反思水平是开放的反思，涉及到价值的选择，但却是重视个人的价值的选择，从个人的角度来对待教育行为的选择，这反映了刘家霞眼中的最高水平的反思水准。

刘家霞的教学反思发展三水平的理论和范梅南的教学反思水平的三阶段理论类似，但又有着自己独特的特色。

二、教师反思的内容分析

从不同的角度出发，教师反思的内容有所不同。

"从教师的职业看，教书育人、教育科研是两项基本的也是主要的工作，从而也就构成了教师对反思内容的二维性质，即教学反思和教研反思。"[1] 所以，从这个角度出发，教师反思的主要内容是教学反思和教研反思两部分。

从教师教育教学的实际工作的角度出发，教师的反思内容又可以分为教学工作反思、德育工作反思以及管理工作反思。

从教学设计的角度来说，教师反思的内容可以分为对课程的指导教学观念的反思、对课程的心理学或者教育学基础的反思、对教学过程中师生关系的反思、对教学方法的反思、对课程中的师生行为的反思、对教学目的手段之间的关系的反思以及对教学背景的反思。

从教学环节的角度来看，教师反思的内容可以分为对教学目标的反思、对教学内容的反思、对教学过程的反思以及对教学效果的反思。

从教师的专业发展角度来说，教师反思的内容又可以分为教师教育教学观念

---

[1]　徐波．教师反思能力自我培养的实践模式探讨 [J]．内蒙古师范大学学报（教育科学版），2008（04）：73．

的反思、教师专业知识的反思、教师教学技能的反思以及教师角色地位的反思。

下面将从教师专业发展的角度和教学环节的角度分别来探讨教师反思的内容。

（一）从教学环节角度看教师反思的内容

1. 对教学目标的反思

学校的教学目标一般包括认知目标、动作技能目标和情感目标等。认知目标主要是指教学中使学生能够达到对书本知识的记忆和再认以及由此使学生的智力智能得到的发展。动作技能目标主要体现为劳动技术教育，旨在培养学生的劳动能力和对劳动的热爱态度。情感目标是指美感的发展，使学生能够具备发现美、鉴赏美和创造美的能力。对于教师来说，对教学目标的反思对于教师正确地进行教学有着统领的作用。对于每一个教师来说，该如何在课堂上实现教学目标，如何使学生理解教学目标，如何切实培养学生多方面能力的目标，如何实现学生的全面协调发展，这些都需要教师不断去反思，因为目标的导向作用决定了教师在反思中必须给予教学目标特别的重视。

2. 对教学内容的反思

对教学内容的反思涉及到教师为实现教育目标而选择的所有与学生学习相关的教育材料。教学内容是一个广阔的知识领域，对于一个专业的教师来说同样如此，教学内容绝不仅仅局限于教材，或者说教材只是教师进行教学的内容的一个部分而已。所以教师该如何对待教材，该如何对待那些可以和应该利用来促进教学目标的课外知识，这是每一个教师都应该反思的地方。教师在教学目标的指引下，应该学会优化教材内容，应该学会艺术地选择能够促进教学目标实现的课外知识，并且还要学会能够将这些知识在教学中以恰当的方式和顺序传递给学生。教师在对教学内容的反思上，也要注意内容的选择是否符合教学目标，是否突出重点，是否兼顾了难点，是否善于利用学生的现有的知识水平、发现新知识的最佳发展区。

3. 对教学过程的反思

对教学过程的反思，是指要遵循教学进行的科学顺序。对于一个专业化的教师来说，计划教学过程首先要明确的就是教学的目的，然后根据教学的目的确定合适的教学内容，再根据教学内容选择一个最恰当的教学模式。其次，确定模式后，要能够根据具体阶段选择适当的教学策略，是以教师教授为主，还是以学生独立发现为主，策略的选择要能够体现灵活性，以教师好教、学生好学为标准。当然，教师要能够充分利用学校的硬件设施，计算机及各种多媒体等教学手段，同时也要对这些教学手段的缺点予以注意，要能因需要而用，不能滥用。最后，教师在教学过程中，应该要预先计划，同时要重视对各种突发状况的应对，平时要注意积累处理这类冲突的经验，尽量减少对学生产生负面影响，而要化危为机。

4. 对教学方法的反思

教学方法指教学过程中为达到目标所采用的技术和手段，包括教师的技术运用能力和个人魅力的展现。对教学方法的反思就是对这些东西的反思。方法是做事的眼睛，现代教育论一个重要的特征就是重视对教学方法的学习和掌握。教师在教学过程前首先就必须能够学会根据特定课堂的内容来选择教学方法，其次还要保证这种方法的选择能够保证教育目标的达成，最后教师也要能够根据这种方法科学地设计课堂教学内容。对方法的反思的方法不拘一格，因人而异，但一般有下面两个科学的指导原则。第一个就是适当性原则，选择的教学方法应当能够适合教学内容的开展，还有就是选择的方法教师本人必须能够驾驭，而不能是教师觉得好但是却不会用的方法，只是遵循他人的意见和照搬他人的例子；第二个就是多样性的原则，多样性的原则是指教师在选择教学方法的时候不能够就只有一种方法，如果一整堂课都只用一种方法的话，学生很容易感到厌烦，教师也会觉得没有什么效率，因此，教师要能够根据条件，适当地选择多种教学方法，可以以一种为主，但必须搭配一些其他相关的教学方法作为调节。科学的把握原则，经常对方法进行反思，将很有利于教师教学水平的提高，因为掌握方法的人能事半功倍。

5.对教学效果的反思

教学效果即是对上面所说的三大教学目标达成程度的检验。开展对教学效果的反思也是非常必要的，因为一方面，教学效果是确定教师教学水平高低的标准，也是检验教师先前反思水平有效与否的标准；另一方面，通过对教学效果的反思可以发现在教学目标反思、教学内容反思和教学过程的反思中可能存在的问题，可以说算是在整个教学反思过程中对教学的再一次反思，其意义可见是十分重要的。

（二）从教师的专业发展角度看教师反思的内容

1.对教师教育教学观念的反思

对教师教育教学观念的反思总体可以从两个方面予以介绍，一是理论对行为的改造，二是行为对理论的筛选。理论对于行为的改造，对于教师来说是指教师接受了新的理论之后，会主动地选择根据新理论的要求审视自己的教学行为，将那些不符合新理论要求的教学行为改造成符合理论要求的规范行为，也可能会根据新理论的理念生成一套对于自己来说是全新的教学方法或相应的教学行为，活学活用这些学习到的新的理论。行为对于理论的筛选是指行为会根据自身的逻辑或者习惯对学习到的新理论进行选择，而不是照搬全收，这可能是因为教师本身已经形成了对现有教学行为的依赖，没有动力也觉得没有必要学习新的理论，也有可能是由理论本身高度的抽象性所决定的，理论只是提供一个学习改进的框架，对于具体的教学行为的指导性需要教师自己根据实际的情况进行取舍。此外，还有另外一种可能，即从教学实际的角度出发，教师发现自己的行为会比根据理论的指导而进行的教学行为更有效率，这是由于理论脱离实际而教师却扎根实际教学的原因。

2. 对教育教学知识的反思

在前面已经探讨到教师实现专业化需要掌握本体性知识、实践性知识和条件性知识等不同类型的知识。真正想作为一个反思型的教师，就必须不断地对自己的知识进行充实和检验，不仅要拥有本专业的知识，也要掌握有助于正确施教的教育学心理学知识，也要能够学习具体处理各种特定教学情境下的问题的实践性知识。教师需要反思自己是否能够满足学生的求知要求，能否正确地传授教学目标所要求的知识，能否随着时代的要求不断地更新自己的知识等。不断增加自己的知识储备，可以说是教师专业发展道路上最基本的要求。

3. 对师生关系的反思

师生关系本身就是一个不确定的情境性的问题，它和教师的性格、学生群体的特点、所教授内容的特点等诸多因素相关。翻开教育史的任何一本书籍，都可以发现不同的教育学家所持有的观点也是迥然不同的，比如荀子主张教师绝对权威，杜威则是学生中心，但是发展到现在，师生关系有一点是可以肯定的，那就是：师生之间的人格是平等的，师生之间应该建立一种民主、平等的关系。这也是现代教育界所普遍公认的、最新的观点，认为教师应当是"平等中的首席"，教师就如同一个乐队的指挥一样，将教师的教者地位和学生的学者地位结合到了一块，对教师们有很大的参考意义。但是，师生的关系并不能总这样笼统概括，因为师生之间的关系更多的是一种具体情境的体现，所以，教师应在尊重学生的前提下，对它进行反思，但应该是具体的、持续不断的。

4. 对教学技术的反思

教学技术的使用在当代教学中起着越来越重要的作用，是任何一个教师都不能忽视的重要部分。教学技术包括教学中使用的现代化设备，也应当包括教师具体使用的教学策略和教学技巧，前者越来越成为教师的一种必备素质，后者则更能体现一个教师专业化发展的水平。对于教学技术的反思，一方面，教师不能陷入盲目的对现代教学技术的信任和依赖之中，另一方面，教师也应该合理使用这些设备，同时也要注重学习教学技能技巧的使用，能够以最合适的方法教授不同的知识并能引起学生的兴趣，高效地完成所需要完成的教学任务。

第四节　教师自我反思的途径方法

当强调教师自我反思的重要性时，很自然地要考虑到：应该通过什么样的方法才能真正地获得这种对教师十分重要的能力呢？因此，本节将重点介绍当前理论界对教师反思方法的探讨，但在介绍这些方法之前，笔者将首先介绍影响教师进行自我反思的一些因素和培养教师进行反思的常见误区，因为正确认识这两点对于更好地认识教师自我反思的途径方法具有很大的启发意义。

一、影响教师进行自我反思的因素和教师自我反思中的常见误区

（一）教师自我反思的影响因素

教师反思的影响因素众多，可以将影响教师自我反思能力发展的因素概括为以下两个方面。

一是教师所处的环境因素。因为任何一个教师都是在特定的环境中从教、成长的，所以教师所处的环境特点会首先对教师的反思产生或明或暗的影响，反思的教师也必须意识到这一点，教师的反思意识的启发、生长受到学校反思氛围的影响，教师的反思能力的培养也需要在学校里得到帮助并获得提高。首先，教师的外在工作状态会对教师的反思存在影响。教师的工作本身具有重复性、复杂性和繁忙性的特点，重复是因为教师每天的工作都是通过基本同样的课堂、同样

的学生、同样的方法来传授基本类似的知识；复杂性是因为教师的工作对象是不同个性特点的学生，而且教授的是高度概括性的知识；繁忙性是因为教师为了上好一堂课，需要备好课，上好课，还要能够处理好课堂上的各种问题，最好还要总结经验，为下一堂课更好积累经验，平常也要了解学生，关爱学生，批改作业等。由此可见教师并不是一个轻松的职业，如果学校再给老师很多额外的任务，多代课，参加各种培训，听公开课等，那么，教师平时的时间可能都会被用于与教学相关的活动了。在如此繁忙的情况下，教师就很难再有时间去进行自我反思，更妄谈教师自我反思力的培养了。其次，学校的反思氛围也十分重要，反思虽然是个人主导的，但却也需要集体的群策群力、互相合作。哈尤就曾经指出，反思不仅仅是教师个人的事情，相关教育权威、学校、校长、其他的教师、管理人员以及大学教授等，都应对教师的反思给予支持合作。构建反思型的学校教师联合体是改善教师心智模式、促进教师进行反思的最好方法。

　　二是教师的自身因素。反思是内在主导的心理活动，因此作为反思者的本人教师的自身因素对反思的内容、目的和意义等起着十分关键的作用。第一是教师的教学效能感与反思能力的关系。教师的教学效能感是指教师对教与学的关系、对教育在学生发展中的作用等问题的一般看法和判断以及对自己教学效果的认识和评价。研究表明，教学效能感和教学反思能力、自我反思能力是互相影响、共同发展的。教学效能感高的教师对自己的教学效果有充分的信心，因此他们能积极主动地进行教学活动，对教学中遇到的问题敢于正视，并通过反思找到解决问题的办法，从而不断提高自己的教学水平。第二是教师的反思品质对其反思能力发展的影响。前面论述到的杜威认为反思型教师应该具备的三个品质分别是：第一点是教师应该具备开放的心态。作为教师集体中的一员，就像一滴水放在大海中，应当保持谦虚，保持对教育理论和教育实践知识的好奇，敢于在实际的教学中检测自己的教学是否正确，努力地对待各种不明白和需要获得改进的地方，包容自己和他人以及学生们学习上的问题。第二点是教师要具备责任心。因为作为一个教师，应当认识到，我们担负的责任的确重大，应该审慎地对待每一堂课，关爱每一个学生，不忽视每一个极细小的教育问题，因为即使是一个很小的问题，它也可能会带给一个学生一生的恶劣影响。第三点是执著。教师应能对教师这个职业抱有持续的热情，坚持教育改变命运的信念，并将这种情感投入到教学当中来，长期投身奉献于教育事业，为培养好每一名优秀的学子而不断地鞭策自己。培养教师具备这三个反思的品质对于一个教师提高自己的反思能力是有很大的促进作用的。

（二）教师自我反思的常见误区

由于教师的自我反思对于教师的专业化发展具有重要作用，因此，反思力的培养在当前的教师再教育和教师的校本教育中受到了特别的重视。但重视的背后，亦有隐忧，许多教育行政部门、学校和教师本人在推动发展教师的反思力时存在着一些误区。因此，这里仅从教师的角度出发，将教师自我反思的常见误区概括为以下两类：一是教师自我反思的操作类误区，二是教师自我反思的态度类误区。

教师自我反思的操作类误区可以分为以下三种：

1.把反思的对象限于课堂中的教学活动。教师反思的主要内容是教学反思，教学反思的主体是课堂中的教学活动，但是也需要认识到，主要并不代表全部，更不能往后反推，教师的反思不能只单纯地局限于课堂之内。一方面，需要认识到课堂中发生的行为是教师履行教学职能的主要方式，教师正是通过课堂教学来传授知识的；另一方面，教师也是一个大社会中的人，一个个不同小群体中的人，教师生活的大小背景，同样也是构成对自己的教学产生影响的重要因素。

因此，对于一个反思的教师来说，既要反思教室内的困惑，也要反思生活中的遭遇，既要予以学生问题的关心，也要关注社会的热点。教师要能够从社会中来，又能走进课堂之中，课堂是一个小社会，社会是一个大学校，教师不仅要能在学校做到反思课前、课后和课中，同时也要能做到作为一个社会人，也要关心学生可能会受到的社会影响。总之，教师的反思对象应当是时时反思、处处反思。

2. 把反思只当成自己的事情。教师自我反思培养中一个经常会出现的问题就是教师把反思当成自己的事情，反思是自主发现问题、自主分析问题、自主解决问题的过程，反思对象也仅限于对自己的教育教学过程中遇到的问题。那么，教师自我反思仅仅是自己的事情吗？当然不是。反思是一项个人内在主导的心理活动，但它并不是教师个人的单打独斗，独学无友，这可能导致孤陋寡闻，并最终影响到教师的反思力培养。反思的过程应当是一个教师内在主导，同时又能够在一个共同的团体中，针对各自的反思问题和反思结果进行对话、交流的切磋过程。教师的反思绝不是一个人的事情，而是一个有着群体作为依靠的教师的独立自主反思的发展过程。

3. 把总结当反思。很大一部分教师对反思的认识就是写总结，其中有一部分人甚至根本不了解反思为何物，也有一部分人认为写总结就是反思的最好方法。当然，不能说总结不是一种反思，但总结并不能总被认为就是反思，它至多也就只是反思的一种形式罢了。真正的反思应是教师有感而发的产物，并不能被单纯地认为就是对某一个阶段教学成果或者某计划实施情况的总结。反思可以体现为总结，但是总结并不能被认为就是反思的全部。因此，应该注意到将反思和总结准确地分开，同时赋予教师自我反思更丰富的内涵。

教师自我反思的态度类失误也可以分为以下三种：

1. 浅尝辄止。反思的特征之一就是深刻性，是对教学中遇到的问题深层次的思考，要求对问题的现象有着比平常更深刻的认识，而不能仅仅是对事情表面的简单描述，不是知其然就可以了，而是在知其然的基础上知其所以然。但现实中，很多教师在反思中往往蜻蜓点水，取得了一点成果，就认为达到了反思的目的，而不再追根求底、继续思考。反思的另一个特征是持续性，反思不是反思一次就结束了，而是还要在反思之上再反思，每一次反思都达到一个更高的水平，反思乃是一个没有止境的前进过程，需要教师的不断努力，循环向前。

2. 自我封闭。教师的自我反思不是一个教师闭门造车的过程，需要教师与外界的合作和交流。真正的教师反思要求教师具有开放的思维，要能够针对反思中遇到的问题，积极地与其他老师进行交流。与不同专业、不同学校的老师就反思进行对话，对老师在反思中获得更多的有益经验是十分有好处的。

3. 脱离实践。教师反思的一个很容易犯的毛病就是反思的结果与实际的教学没有搭上关系。很多老师也进行了反思，反思也很有成果，发表了很多东西，说的也头头是道，但是教学水平还是那样，丝毫不见增长，这其中一个重要的原因就是教师将反思与实践脱离了。教师的自我反思应当是一个教学相长的过程，教师要能够将反思的理论与实践结合起来，那样才能真正使反思有意义、有效果、有价值。正如舍恩倡导的那样，教师要在"行动中反思"，更需要教师能够做到"在行动中行动"、"在行动中改进"、"在行动中发展"。

二、教师自我反思的途径和方法

教师反思对于教师专业化发展和教师评价艺术的重要意义不言而喻，因此正确掌握反思的方法对于教师来说是十分必要的，下面就介绍一些目前在教师反思领域中经常使用的方法。

（一）教师反思日记

教师反思日记是指教师根据自身在一天的教学中或者生活中遇到、看到的对自己的教育行为可能产生影响的各种事件的一种记录，它会记录事件发生的时间、地点、人物、事件情节等，还会在事件的基础上对事件做出自己的分析和判断。通俗地说，教师反思日记是教师对日常教学感触的一种文字记录。教师反思日记其实类似于我们平常所写的日记，但是也有区别的地方，那就是记述的日记内容是与教师的教学生活息息相关的，它更加关注教师，并且多了一点，它不像平常的日记可以只是简单地罗列生活中的琐事，而是通过教师生活和教学中的一些小事，让教师更加关注教师的教学思想和教学行为，并力图不断地积累经验以提高自己的教学水平。教师反思日记的最大特征是能够及时地记录教师生活中发生的很多教育事件，无论是大的、小的、重要的、非重要的，教师都可以根据自己的兴趣来记录表现它们。反思的教师可以通过反思日记帮助教师对事件进行分析，激励、促进和帮助教师进行反思，进一步提高教师的反思能力，让教师系统地反思个人的发展以及自己在工作环境中的行为，理解和改进教学实践能力。

（二）构建反思共同体

研究证明，反思的学校氛围对于提高和加强教师的反思具有重要的作用。因此，构建教师反思的共同体，大家一起共同致力于开放地分享反思的心历，共同地面对教学问题的解决，建设性地批判，质疑无用的理论，分享实用的教学经验，共同实现教师反思能力的提高。在反思共同体中，教师需要学会互相信任，因为信任是构建反思共同体的基础，大家在信任的平台上，畅所欲言，进行不同领域、不同学科、不同成长背景、不同问题处理观点的碰撞，激发教师的思维火花，通过信息交流、示范、指导甚至帮护等方法来实现共同的成长，共同推动教师反思能力的提高。

（三）行动中研究

行动研究是一个探究导向的自我监控过程，使教师能够在实践中评价教学行为，为教师的能力发展提供系统化的经验。行动研究的进行将使教师的注意力从理论转向实际，更加关注教学情境中的问题，据实出发，寻求问题的解决，实现自身的发展。行动研究的流行是因为行动研究赋予了教师更多的权利，将研究努力直接与课堂教学结合起来，更容易促使教师改进自身错误的教学行为，促进教师的专业化，提高教师的能力。行动研究的过程与教师的反思模式有着良好的相关性，它要求教师首先界定问题，聚焦问题的中心，然后选择方法，收集数据，根据反思的结果，确定问题解决的步骤，并根据这种步骤应用到实践之中，推动反思与教学密切结合。

（四）教育叙述性反思

通常所说的叙事就是叙述一个故事，它是艺术描写中常用的一个手段，一般被广泛地运用于小说、电影等艺术作品中。教育叙事是一种非常值得倡导的教师反思方法，也是行动中反思的最好的教学行为的记录载体。教育叙事就是通常所说的叙事的一种特例，和一般的叙事没有什么差别，即是将叙事用于教育的反思之中。教育叙事研究就是指教师将日常生活中、课堂教学中、接受培训及交流合作等情况中遇到的或发生过的事情以讲故事的形式完整地记叙下来的反思过程。这些被记录的事件是个性的、具体的、明确的、不断地变化着的，正是这些事件构成了一个完整的学校教育工作，也正是它们构成了我们叙事研究关注的重点。

教育叙事不同于教育反思日志，它要求记录者忠实地记录发生的事情，当然也可以采取其他的方式，如口述、总结报告等，记录的事件是最常见的、最普通的，同时也是最具有事实价值和稳定性的反思材料，可以提供教师反思的当时情景，为回忆提供一个绝佳的提示。教师在反思中利用叙事的方法，不是为了记录事件本身，而是为了在记录中检验自己的教学，并通过一系列的反思活动提高教师自身的教育水平。一般来说，教育叙述性反思适合不同水平层次的教师群体，而且具有连接教育研究专家和普通教师之间的凝合力。教育叙述性的研究切合教师的实际，能够促进教师对教育实践的理解，也有助于教育研究专家理解教师的实际教学情境，为理论与实践的结合构筑了一个缓冲的空间、实用的平台。

（五）微格教学反思法

微格教学法自从被提出后就一直是师范教育中重要的培训课程。微格教学法体现的正是一种教学的预先模拟，在一个人为创设的小型课堂中，由被测教师来对听众做一个时间较为短小的课程，可以将教学的整个过程录下视频或者录音，然后供需要者来评判。微格教学法是一个可以帮助教师进行反思的特别好的方法。通过微格教学法，教师可以练习教学技巧、策略和方法，更可以发现教学中的问题，这些问题是什么、怎么出现的、怎么表现的、该怎么去解决。在微格教学反思法中，教师不仅能够进行自我反思，还可以获得来自同伴的评价和支持，教师能够在一个可以及时获得反馈和支持性的环境中进行更深刻、更客观的反思。

（六）网络反思法

计算机技术的发展正在为教师的反思提供一个更加便捷、更加注重分享的反思平台。网络反思法的主要特征就是突破了教师地域性的限制，让教师反思有了更广阔的平台，借助网络教师可以"秀才不出门，尽知天下事"，网络为教师构筑了一个可以扩大视野、民主平等、乐于分享的反思氛围，利用好这个平台，对教师的反思是大有裨益的。比如，当前流行于网络的微博和稍早的博客和论坛等，来自全国各地的教师朋友们都可以在这上面实现信息交流，互通有无，这样不仅有助于教师便捷地获得信息，同时也有助于教师将反思做得更深入，更有影响力。

（七）教育案例反思法

所谓案例，是指那些对于事物的处理具有典型的代表性的事件。教育案例就是在教育领域内对教师处理某一类教育问题具有代表性的教学事件，学习这些典型性事件处理方法对于教师来说具有很大的指导性，是教师处理类似教学事件的参照系。教育案例可以为教师的反思提供样板，也可以让教师通过教育案例促进自身的教学能力的发展。教育案例反思是指教育工作者对实际工作中遇到的具有代表性和启发性的教育事件的研究和思考。教育案例反思的对象首先是一个真实的发生在教育实践中的事件，具有真实性；其次，教育案例反思具有对一般或者某个特定教育目标的阐释意义，比如发现教育，就是立足于发现学习者的某项特长和潜力，具有研究性；再次，教育案例反思的事件是个矛盾和问题的集合，而不是一个已经解决的问题，其带有明显的需要去思考如何解决的疑难问题和矛盾冲突，具有问题性；最后，教育案例反思是针对问题的解决所做的努力，而案例的一个典型特征就是能够引起大家思考和争论，因此，这种对于教育案例的反思又具有很大的启发性。案例研究法具有贴近生活、易激发大家学习的兴趣并促进大家合作探讨的特点，是一种很值得大力推广的教师反思方法。

（八）档案袋反思法

档案袋反思法是一种教师系统地有目的地收集资料以供教师去反思的方法。教师一旦确定了反思的专题，就需要根据预先设计的需要，收集所有教师自己认为与反思的方面相关的教学材料，包括自己的教学日记、自己设计的教案，或者是学生的成绩单、学生的作业，甚至学校的要求、教育行政部门的文件等都可以被收集起来。教师可以通过这些收集的材料，对自己的教学行为、教学目标、教学的具体成效等进行反思，以确定自己的优缺点，为改进明确方向。教师档案袋反思法最好有学校的配合，并且要求教师本人要能够大胆细心，持之以恒，具有自我批判、自我反思的精神。同时，档案袋反思方法容易让反思者陷入收集材料的怪圈中，收集了很多资料却很容易迷失其中，因此，档案袋法结合其他反思方法用起来会更好、更有效果。

（九）学生问诊的反思方法

伊拉·索尔认为，批判型教师首要的责任是研究学生们所知道的、所谈论的、所经历的和所感受的事情。作为教师，不仅要关心学生，爱护学生，也要能够走进学生，用学生的眼光看待自己。特别是当学生比较大时，比如小学五六年级以后的学生，他们已经能够比较准确、真实地表达对老师总体教学水平、教学方法选择、甚至具体教学行为的看法和改进建议。因此，教师如果能够主动地问诊于学生，不失为一种很好的反思方法，它可以有效地对自己的教学有一个直观的了解，更能有效地了解问题，分析问题，也有助于具体问题的解决。因此教师在反思中一定要学会倾听学生的心声，了解他们的看法，使自己的反思真的有生命，接地气。

三、几个最常用的教师反思方法探秘

方法的运用需要具体细节的阐释，因此，为了突出本书的实用性，让读者，特别是一线的教师们更加直观地了解具体反思方法的运用，本书将对几个最常用的反思方法予以进一步的探讨，以供读者朋友们参考。

（一）教育案例反思

1. 教育案例的构成

教育案例十分丰富，为了便于理解，我们可以从教育案例的一般构成来把握。从教育案例的构成来看，所有用来反思的教育案例基本都可以概括成以下三个方面：一般背景、案例本身和对教育案例的反思。

一般背景是指教育案例反思的时间、地点、人物等基本的时空架构，当然也包括当时特定的社会情境。一般背景的介绍是十分关键的，因为它是我们理解教育案例的基础，比如一个教师在新课改前和新课改后在自己的课堂内使用校本课程的意义差别是十分明显的，前者可能是在进行一种创新活动，而后者可能完全就是在完成学校规定的任务。一般来说，背景又可以分成两种类型的背景：一种是大背景，即案例发生所在的时代状况；另一种是小背景，即案例发生时特定的构成因素，比如什么样的时间、地点和什么样的当事人等，分析案例时需要对这两者做出必要的辨别。

案例本身是指作为被研究的事件的故事主体，是案例反思的核心部分。它是背景下发生的故事过程，包括案例要分析的困境和潜在的处理方法。在这个部分，研究者必须忠实地进行事件的描述，而不能添油加醋或流露明显的个人主观看法，因为研究的案例必须是真实的和客观的，这是非常重要的一点。另外值得重视的一点是对案例进行描述的时候还需要给予问题的形成、发生过程和未来的演化以完整的记述，因为研究的案例最有价值的部分往往就体现在对问题的分析上。

对教育案例的反思是教育工作者对案例反思产出硕果的过程。在这个部分中，教师们会按照一定的格式要求将自己的思考记录下来，教育案例反思的记录过程是教师案例反思的又一次进行，在案例反思的过程中，教师获得的东西可以很多，教师可以提出案例问题的解决方案，也可以发现新的待解决的问题，并结合自己的教学活动系统地反思自己的教学行为。对案例的反思并不一定要面面俱到，但是却要求是教师自己的思考，毫无疑问，思考的成果将会对增加教师的教育经验、提高教师的教育智慧等都起到很好的作用。

2. 教育案例反思的撰写要求

很多教师意识到了教师案例反思的重要性，但是对于教师案例反思到底怎么写还是有很多疑问，那么教师案例反思到底怎么写呢？可以从教师案例反思的实施步骤予以简单的介绍。一般来说，教师案例反思的实施步骤可以划分成以下几个步骤：第一步是选材，即选择那些有价值或者触动自己的事件当作案例来研究；第二步是背景介绍，即介绍选择的案例的大背景和小背景是怎么样的；第三步是主题确定，即分析案例要选定一个恰当的角度来进行；第四步是对案例的反思，即分享和记录对案例的思考结果。当然有时候教师案例反思的实施步骤也可以把主题放在最前面，因为很多时候案例分析是根据学校的要求开展的，这时候选择的案例往往更多是由当时的学校倡导的主题来确定的。但这并不妨碍教师案例反思的撰写要求。

第一步，好的开始是成功的一半，撰写好一个完整的教师案例需要在教师案例反思的选材阶段做到以下两点。第一点是选择好案例素材，一个好的案例的基本要求是案例要具有客观性、问题性、代表性、研究性和创新性，这些要求是要同时具备的，缺一不可。另外很多教师在案例的选择中往往还会犯视野狭窄的毛病，将案例选择的范围局限于自己的生活和课堂内，事实上这是不对的。好的案例不一定是自己经历过的，同样可以是借鉴别人的，我们看的各类书籍、电视、电影和其他老师的故事，只要具有启发性和参考意义，我们都可以拿来借用，好的案例不在于从哪儿来，而更在于用起来好不好。第二点是有了好的案例素材还要提炼好案例素材，为了做好一个案例，可供选择的案例素材就不会只有一个，而且很多大的研究往往都不是一个案例能解决的，而是由一个素材群来支撑的。因此，做好案例的提炼就显得特别重要了。好的案例提炼一般有下面几个特点，一是简洁性，案例要客观真实，但也要简明易懂，不能什么都说，一定要简明扼要；二是指导性，案例反思最大的价值就在于给人以参考，如果案例不能提供参考，那么选择和提炼出来的案例就没有意义。好的案例选择和提炼应当是可以让使用者以小见大、窥斑知豹的。

第二步，撰写一个好的案例反思报告需要做好背景介绍。背景是人们理解一个案例的基础，如果缺乏对案例背景的介绍，那么读者就很难做出客观的思考。因为读者并不是案例的当事人，缺乏背景很容易让读者的理解发生不必要的偏差。所以背景的介绍是十分必要的。撰写者应当在写作中介绍好大背景和小背景，比如社会状况、发生案例的教育环境、师生情况等。背景也不需要全部都仔细介绍，以保证读者能够理解和把握对案例分析的准确度为参考即可。

第三步，主题是案例的眼睛，必须清晰明确。做到这一点，首先要确定好教育案例的类型，是德育案例，还是管理案例，还是教学评价案例等；其次，要确定案例的规模，是一个案例还是一系列案例；最后，选择好案例的名称，紧扣主题、具有新意的案例名称是吸引人的法宝。

第四步，对案例的反思是案例学习者和研究者收获的体现。对于一个学习和研究案例的教育工作者来说，我们在撰写案例反思的时候要注意到，一方面不是作家的手笔，不一定要写得文笔斐然，跌宕起伏，但是一定要能够反映自己的真实心路历程，透露真情实感，而不能弄虚作假；另一方面，案例的反思不能像对案例的叙述一样，再次复述一下案例发生的前因后果，然后认为这就是反思了，对案例的反思应当有着自己的看法，不能人云亦云，而应当从自己的角度独到地进行思考，同时要尽量精练和深刻。

总之，在撰写案例及对案例进行反思的时候，中心明确、冷静客观、形象生动这些词应当是不停地在我们脑海中浮现的。

案例4-1　考8分的孩子

有一年一个期末考试只考了八分的孩子转到了魏书生的班级里。这个孩子觉得自己学习成绩很差，又不爱学习，转到哪个班里成绩也不会变好，所以就自暴自弃了，对学习丝毫没有什么兴趣。在和他聊天的过程中，魏书生老师要求他发现一下自己的优点，可是这位同学却觉得自己成绩这么差，并没有什么优点啊。老师就对他说每个人都有自己的优点，你也肯定有，我就替你发现了几条。学生很不好意思，老师就对他说，你看你，一不看书，二不写作业，三上课还不听讲，就这你考试还能考8分，这是天赋啊！自此以后，学生听了老师的话，对学习有兴趣了，成绩也越来越好了。

案例4-2 要休息的金鱼

在一家幼儿园里，老师为了让学生们认识和学习金鱼，特地从花鸟虫鱼市场买来了几条金鱼并放在透明的金鱼缸里供学生们观察。可是有一天下午老师到课堂内准备上课的时候，发现鱼缸里的金鱼竟然不见了，再一看，原来被人拿出来放在了地板上，老师特别生气，大喝："是哪个不听话的孩子干的？"这时一个小孩和老师说："我看金鱼都在水里游了大半天了，它累了，它应该出来休息休息了。"这时，老师才认识到，幸亏问了一下，原本是想狠狠地批评一下"干坏事"的这个学生的，但是，学生的出发点是这么好，他之所以会这么做，完全是因为还是小孩子的缘故。于是老师就向同学们解释了一下鱼儿是离不开水的道理，并告诫同学们以后可不能这么做了啊。当然，老师也夸奖了这位同学知道为金鱼考虑的美好心意。

案例4-3 周弘和他的孩子

周弘是赏识教育的开创者，他提出的赏识教育理念对亿万家庭的教育产生了良好的影响。这个教育理念最初的受益者就是周弘自己的女儿——周婷婷。周婷婷是个先天残疾的孩子，生下来就是双耳失聪，听不见声音。一般来说，很多家庭就会觉得自己的孩子不能像正常的孩子一样学习了，因而放弃对孩子的教育，但是周弘没有，他相信自己的孩子和别人一样，同样可以学得很好。于是，周弘运用自己独有的赏识教育的理念鼓励自己的女儿，发现自己女儿的优点，经过二十年的努力，自己的孩子终于考上了大学，并最终以优异的成绩获得了留学美国读硕士的机会。周弘和他女儿的故事激励了万千家庭，赏识教育的理念也走入了几乎每一个教育者的心中。因此，为了帮助更多的人和让更多的人了解赏识教育的理念，周弘将自己的经历和看法写成《赏识你的孩子》一书，赏识教育的理念也由此正式发源，成为教育上一种重要的理论体系。

反思心得：

赏识你的孩子（学生）。看过了这几个案例，我最大的感受就是老师不是为批评学生而生的，老师应该是为改进学生的缺点而存在的。这几个案例促使我思考：到底什么才是一个好的老师呢？如果别的老师都能教得好我也能教得好，那就算是好老师吗？如果老师只是为提高学生的分数而努力，那么能算得上是一个好老师吗？我想不是的，一个好的老师就是要能够爱每一个学生，发现每一个学生身上的优点，让每一个学生都能够健康快乐的成长。那么我能做到这一点吗？参照案例中的优秀老师们，反观自己，我会去努力帮助一个考试只考 8 分的学生吗？我会赏识一个全身残疾的孩子吗？我怕我不会，而这正是考验一个老师好不好的标准所在。也许霍金在我的班里不过是默默无闻的残疾学生，也许爱因斯坦花时间做出来的小椅子，我也觉得他没用心就批评他，也许周弘的孩子是我的孩子，我会放弃她……扪心自问，作为一个立志成为一个好老师的教师，我能真正去赏识我的每一个学生吗？

凡事三思而后行。关于金鱼的故事给了我很深的震撼，因为很多时候，特别是当你的教育对象是小孩子的时候，他们的一些错误的确会让我们这些成年人受不了，"太低级、太弱智了"，有时候你心里会忍不住这么想，怎么还会有人犯这种类型的错误呢？但是仔细品味，这又是那么正常。他们有各种各样的错误不是很正常吗，这也正是我们教师存在的意义啊！所以就像案例中的老师一样，我们一定要关注学生，学生犯了错误，不能不问清楚就批评，一定要问清楚原因，对症下药，彻底解决学生的问题，引导学生向好的方向发展。

（二）教育反思日记

1. 教师反思日记的类型

教师反思日记实际上是一种定义上十分宽泛的教师反思方法，给教师反思日记分类并没用实际的操作价值，但是对教师反思日记进行分类还是具有指导意义的。在这里，我们根据教师反思日记的实施方法，将教师反思日记分为以下几种。

一是随笔式教师反思日记。随笔式教师反思日记是我们最容易理解的教师反思日记形式，它和日记基本一样，只要和教育生活相关即可，表现得十分随意。可以是上课看到一个现象的描述或感受，也可以是阅读一本书的摘抄或感悟，它不要求有完整的结构和被理解性，也不用管是什么样的形式（可以是诗，可以是图，甚至可以是一个笑话），它的记录十分偶然和即兴，就像现在流行的发微博一样，可以视为教师心情的即时展现或是反思素材的一种积累。

二是专题式教师反思日记。专题式教师反思日记是指反思的日记是针对特定的主题的，它有着明确的目标和中心，紧紧围绕事先选定的主题来记录日记，而对于主题之外的事件，不管多么重大和有意义，也不能被列入专题式的反思日记之列。比如，教师在开展一项以关于班级管理为主题的日记记录时，它记录的内容就是班级干部的选举、班级干部和教师的沟通、班级干部内部的沟通、班级干部之间以及和同学们的关系等为记录的内容。而对于其他不涉及班级管理的内容则不再关注。这种反思日记的记录可以提供专题范围内详尽和丰富的素材，它主要是为开展专题式的研究积累资料做准备的。

三是跟踪式的教师反思日记。跟踪式的教师反思日记是指教师以时间为线索，对所要观察的对象连续进行的记录。在这里，时间作为线索，它是教师反思日记记录的重要参考标准，而且这种日记记录通常具有一定的专题性。比如，针对某个学生课堂表现连续一年的观察记录，可以完整地记录学生课堂表现一年来的变化。跟踪式的教师日记最著名的一个例子是著名幼儿教育家陈鹤琴在其著作《儿童心理之研究》中以自己的孩子为标准所写下连续690天日记，为研究幼儿发展提供了丰富的一手资料。此外，因为跟踪式的教师日记有着严格的时间标准，其信度和效度都比较高，所以它在教学设计实验中是最常用的。

四是网络平台的教师反思日记。以网络为平台的教师反思日记是近年来随着信息技术的发展而兴起的一种新日记记录方式，目前已经形成了多种形式，如论坛、网络博客(blog)和时下特别火热的微博(Microblog)等。这些不同类型的网络展示平台，以其即时性、互动性和广泛性赢得了众多教师的青睐。时下，很多教师也许并不手写日记，但是却有很多人喜欢用拇指来记录生活，把教学中的点点滴滴和大家共享。这种现象一方面是一个挑战，另一方面也是个机遇，因为网络时代，网络提供了一个更广泛、更平等、更开放的平台去激发更多的教师来进行教师反思，我们可以为他人做嫁衣，也可以从网上获得他人的经验来帮助自己、提高自己。

2. 撰写教师反思日记的要求

教师反思日记与其他类型的反思方式相比，其最大的特点是灵活多变，不拘一格，只要有笔、有纸或者有类似电脑的记录工具即可，教师可以随时随地进行日记的撰写，而且没有文体限制，没有长短约束，教师想怎么发挥就可以怎么发挥，所以教师自己可以掌控的自由度很大。但是，这也并不意味着教师反思日记的撰写完全就是天马行空、毫无规则的，做好教师反思日记的撰写，以下几点要求还是应该予以特别注意的。

(1) 勤读书，多思考。

撰写反思日记的教师一定要养成爱书、爱读书的好习惯，如果一个爱好记录自己教学生活的教师只是喜欢记录的话，那么很多东西就只是对事情的叙述而缺乏评论，仅有的评论也容易沦为肤浅的论述，而缺乏必要的深度和穿透力。喜欢记日记的教师不能只是喜欢记录，也必须养成从书籍中汲取营养的好习惯。多读一些专家的研究，多看教育大师们的书籍，与以前实践者为伍，向学者们学习，与他们对话交流往往能够给予我们更好的视角，让我们思考更多，获得更多。

教师的日常生活如此的繁杂，借助写日记养成思考的习惯也非常重要。通过思考，我们能形成较好的问题意识，能够帮助发现到底哪些事情是值得记录的，针对特定的问题，我们如何进行思考，如何对自己进行反思，如何在记日记的过程中获得提升。

(2) 勤观察，多积累。

借用"生活中并不缺乏美，而是缺乏发现美的眼睛"这句名言，我们同样可以发现教师的生活中并不是缺乏值得记录的事件，而是教师缺乏发现这些事件锐利的眼睛。很多老师觉得每天的教学都大同小异，根本没有什么值得记录的事情，事实上，不是没有，而是教师没有一双锐利的眼睛，不会观察，发现不了问题。在日常的教学中，教师应该眼观六路耳听八方，注意发现细微的变化，这些细微的变化往往就是教学中应该予以注意的关键。

当然，光会观察不行，教师还必须学会坚持。很多老师觉得写日记不难，可是往往都坚持不了，一段时间新鲜过后，就觉得很没意思而放弃了。这种三天打鱼两天晒网的毛病正是教师日记反思方法的大忌，反思绝不是一件一蹴而就的事情，而是一个需要教师不断坚持、持续积累才能获得收获的过程。所以教师记日记一定要养成及时记、坚持记的好习惯，哪怕只是只言片语，事后补上，那对于教师的反思也是有很大的好处的。

(3) 勤交流，多合作。

很多教师有一个误区就是认为日记是很私人的事情，不能拿出来和大家分享，事实上，并不是完全如此。很多教师在日记中反思发现的问题都是可以拿来和大家分享和讨论的，如今网络上博客和微博的兴起就从侧面说明了这一点。

反思日记很多都是教师问题的集合，并不是每一个问题都是教师自己就能够解决的，那些教师不能解决的又不涉及到隐私的，就应该去咨询别人。因为教师作为这一问题的发现者，很容易处于"当局者迷"的状况，而"旁观者清"，旁观者也许能够给出好的答案，而且加强与其他教师的交流可以让教师有更多的机会深入思考这些问题，让双方都受益匪浅。

案例4-4 反思日记1：感悟期望效应。

今天看书的时候看到这样一个故事。说是有一个著名的物理学家到一所学校访问，学校特意安排了几名特别优秀的同学去和老师座谈，结果由于老师叫人的时候出现了错误，可能是当时正在考试，老师怕耽误几名成绩好的学生，于是就把班里最差的几名学生叫去了。本来几名学生还以为是由于自己成绩不好所以才被叫来的，结果这名著名的物理学家对他们说："我知道你们是这所学校里最有潜力的学生，如果你也想成为物理学家，那么只要你们能够好好地学习，你们就一定能够成功。"结果，几位同学觉得既然连这位著名的物理学家都这样说了，那肯定是因为自己的确很有潜质。于是，他们就改变了过去不爱学习的毛病，每天都很认真地学习，结果，成绩真的越来越好，最后也真的都成为了著名的人物。

我觉得这个故事对于老师来说真的十分重要，当然，作为老师我们知道这个故事本身并不一定是真实的，但是在教育中的确存在着这样一种期望效应，或者叫作皮革马利翁效应。老师如果让学生觉得自己是个努力的学生，那么学生很可能就的确是个好学生，而且会越来越好，如果老师让学生觉得自己是个坏学生，那么学生就的确很可能变成了坏学生。

其实在教育中，这种事情很常见。作为一个老师很难没有偏见，也很难不会更加喜欢班里的某些学生，但是如果老师不能够很好地表现出公平的话，一些学生可能就会受到不良的影响。特别是对那些成绩原本就不好又不受老师看中的学生，老师的偏见就会让学生自暴自弃。可是如果老师能够改变自己的看法，不是偏爱一些学生，而是认为每一个学生都是人才，并让学生感受到的话，那么学生就会认识到自己的不足，进而改进自己来符合老师对自己的期望。毕竟作为一个学生，根据我们自己学生时代的想法，学生还是很注重老师的看法的，还是很希望能够获得老师喜欢的。

这就要求我们教师要树立一种正确的教育观：天生我才必有用。一些学生可能成绩不好，但是一定要培养学生努力的作风、积极的精神。相对于奖惩来说，发自内心赞美每一个学生都是人才才更加重要吧。

X 年 xx 月 xx 日

案例4-5　反思日记2：修锁的坏男生

我觉得自己今天干了一件坏事！

刘靖是班里公认的学习成绩差的代表，他的成绩很稳定，一直徘徊在班级倒数前五名左右。对于刘靖这个孩子，各门课的代课老师并没有少花功夫，但是仿佛老师的努力都是白白流逝的水，丝毫不见效果，所以老师们已经基本对他失去了信心。当然，我也不例外。

但是作为班主任我觉得我今天做了一件错事。当我走进教室看到教室的门锁被拆下来的时候，我十分气愤："这谁竟敢破坏公物，真是吃了豹子胆了，给我站起来！"当我看到是刘靖站起来的时候就更加气愤了，于是劈头盖脸地说："你看看你，学习不好就算了，还不给我老老实实，竟然还敢在班里大搞破坏，上次把 xx 同学的书弄坏都没追究你的责任，这次竟然敢破坏起门锁了，看来我要和你的家长好好地聊聊了……我还没说完，就看到刘靖同学哭了起来，这时有同学七零八落地说："刘靖同学是为了修锁才把门锁卸下来的，只是上课了，还没来得及安上……"听到这话，突然自己脸上火辣辣的，我怎么不问清楚再说呢？

我立即询问了刘靖本人，他唯唯诺诺地说是，我知道同学们说出了实情，是我错了，我的确犯了一个不可饶恕的错误，于是我马上向刘靖同学道了歉，还表扬了他为班级做贡献的精神，我说："是老师不对，老师向你道歉，你怎么惩罚老师都行，要不打小手掌吧……"经过我这么一说，刘靖破涕为笑，于是我才开始了这节课。

但是，现在想想这真是难熬的一节课啊，我总是忍不住想：自己为什么会这么鲁莽？为什么不问清楚再说呢？我还是犯了把学生的成绩等同于学生一切的毛病了。

我知道错误是很难弥补的，特别是对于这些还不成熟的小孩子们来说，很可能在学生的心理上造成一生的阴影，我希望自己能够以此为戒，真正做到不把成绩看得太重要，尊重每一个学生，爱护每一个学生。

我警告自己以后决不能再犯同样的错误！

X 年 xx 月 xx 日

案例4-6　反思日记3：陈鹤琴《儿童心理之研究》的摘录[1]

第 9 月

第 36 星期

第 246 天

(77) 可使他快乐的事情：①抱他到外边去看路上的行人。②下楼到邻居的家里去玩。③在草地上游玩。④洗澡。⑤某伯伯每天早晨抱他。⑥晚上睡的时候脱衣服。⑦看见父亲母亲。⑧看见他的两只狗。⑨看见别人吃东西他就要吃。⑩骑在父亲的肩上。

……

(78) 可使他不喜欢的事物：①穿衣服。②洗脸。③他看见的东西不给他。④坐在摇篮里的时间太长。⑤你紧紧地抱着他。⑥他不要的东西你给他。⑦他要到外面去，不让他去。

(三) 教育叙事反思

1. 教育叙事的优缺点

教育叙事作为一种教师个人可以独自进行的研究活动，带有行动研究的特征，

---

[1]　陈鹤琴. 陈鹤琴全集. 第一卷 [M]. 南京：江苏教育出版社，2008：69.

它之所以受到广大教师的喜欢，一方面是因为它有着自己独特的优点，另一方面和它的独特的优点相对应，作为一种每一个教师都可以使用的反思方法，它也有着不可忽视的缺点。

教育叙事研究所具有的优点是十分明显的。第一，教育叙事研究的内容是故事似的教学实践，因此它具有接近教师思维方式的发展脉络，教师可以从实际的生活中感受到这些故事，很容易理解故事的内涵和要表达的内容，具有浓郁的教育氛围和生活气息，易于教师的理解。第二，教师叙事研究的内容是故事，是教师自己的生活，因此教师可以很容易获得研究的内容，并且容易吸引教师参与到叙事研究的进程中来，去研究、去发现、去反思自己的故事情节和发展过程。第三，教育叙事在实际使用过程中，能够提供给研究者丰富的细节和多维的角度，因为是教师自己的经历，教师亲身感受过事情的发生、发展，所以能够了解事情的全景，而不会遗落重要的东西。

当然教育叙事也有着一些很难避免的缺陷，很容易对研究造成负面的影响，我们应该对这些缺点给予必要的注意。首先是研究者研究的是自己的问题，因此很多时候我们容易发现问题却很难实际地解决问题，研究者容易陷入当局者的迷思中去，往往努力了很长时间，却并没有取得相应的收获，这点是叙事研究中必须给予重视的问题之一；其次，叙事研究需要有明确的目标作为导向，在收集资料和进行叙事的过程中要能够把握重点，发现问题的关键所在，而不是陷在事情的纷繁复杂之中；最后，单纯使用叙事研究容易让人视野变得狭窄，因此叙事研究需要与传统的研究方式相结合，如果不会使用纯研究的方法，那么日记、案例等都会是不错的补充，它将有益于材料整理、问题的发现和问题解决方法的最后发现。

2. 教育叙事的撰写要求

同教师反思日记的随意性不同，教育叙事研究的资料收集和撰写有着一定的要求。

第一，把握主要线索。教师自己的全部生活都可以是教师叙事研究的对象，教师每一天的教学、课堂内外遇到的每一个问题都可以被当作教师的叙事内容来源，在这么庞杂的事件中如何选择进行恰当的叙事呢？这就要求在叙事研究的过程中把握一个明确的主线。教师每天的生活是多种多样的，如何选择一天中叙事的重点，如何将连续观察的内容以一个特定的逻辑连成一串，而不是让人觉得叙事的内容只是流水账，是生搬硬套在一起的教学事件，在这里主线起着筛选和引导的作用。

比如，教师在通过叙事对自己的教学技巧做反思时，那么叙事的内容就应该放在课堂内教学技巧的使用和效果的分析当中，而不能根据课堂内事件的大小或学生的参与等因素来进行记录课堂的开展情况。所以对于叙事研究来说，把握明确的主线是非常重要的。

第二，收集多维资料。一个好的研究离不开对丰富资料的把握，叙事研究尤其不能例外，因为叙事研究的特色就是资料的真实和丰富，所以在叙事研究中需要强调原始记录的丰富性和详细性。教师反思叙事研究的资料存储主要是依靠记录获得的，记录的主角是教师的教学生活，但是这并不是说资料只是关于反思教师本人的内容。教师在进行资料的获得中，完全可以访谈他人或者做简单的问卷调查，听听同事的意见，看看学生的态度，教师想要获得精细的资料也需要细致的观察、深入的访谈，他们的参与或者说教师参与到他们的生活中对于多维度资料的收集是大有裨益的。

比如，想要获得一节公开课中教师教学技巧使用效果情况的分析，教师就可以咨询听课老师的评价是怎样的，教师还可以问问学生的接受是怎么样的，有什么意见，那么再加上原本自己的感觉，从多维的视角来看，叙事的内容就会更加准确和客观。

第三，注重细节分析。叙事研究的内容是叙述的事件，事件不是情节的合体，很多人进行叙事研究，容易过分关注事件的情节而忽视组成情节的细节。事实上，叙事研究的对象就是丰富的细节，就像在电影中，女主人公的一个特写的细节往往昭示了电影的结局，细节在很多情况下，是有着丰富的想象生成空间的，这正是叙事研究应该着重反思的地方，也就是我们所说的"小细节、大问题"的意义所在。

比如，在叙述课堂上学生是否专心学习时，一个简单的描写"仿佛连针掉在了地上同学们都能听见似的"，就说明了教室内学生正在认真地做作业。

案例4-7 陈老师的形象[1]

课间，笔者也会与学生攀谈，与他们讨论学习、生活，谈论他们的陈老师，大部分学生都觉得陈老师虽然很严格，但也很慈祥，上课气氛活跃，大家都很喜欢上他的课，最重要的一点是大家都觉得陈老师很负责。以下列举部分与现在他所教学生的谈话内容，也许有助于我们更全面地理解陈老师的实践性知识。

小凝：我挺喜欢陈老师的上课方式的，陈老师上课风趣、幽默，别的班上课之前都是课前演讲，但是我们班却是课前唱支歌，十分轻松快乐地就开始上课了。上课的声音和动作都让人像沐浴春风一样，还总是面带笑容。课间有时会放碟片

---

[1] 司伟 . 一个小学语文老师实践性知识研究 [D]. 东北师范大学 2011 年 6 月硕士论文第 30 页 .

教我们唱新的歌曲或者看动画片。但这并不代表着同学们可以上课的时候开小差，搞小动作，因为一旦被他发现，他会严厉批评你。课前的预习、课后的作业、平时的考察他都很关注，在他的监督下，我们班的写字水平比以前提高了许多。

小赫：当我急急忙忙收拾好数学书和作业本，抱臂正坐时，才发现满黑板的数学题还没去擦。坏了，看来今天擦黑板该倒大霉了。可万万没想到，老师今天却像变了个人儿似的，竟拿起了黑板擦为我们擦起了黑板，从黑板的左边一直擦到右边，每一下都擦得有力而干净，若无其事地和我们幽默了一回。看着老师为大家擦得干干净净的黑板，同学们都觉得挺惭愧。谈到这件事的时候，陈老师想起了以前关于类似事件的做法：

有一次，我站在讲台前，看着一讲台的作业本，满黑板的字，简直有些怒不可遏。我先怒气冲冲地勒令当天擦黑板的值日生，在众目睽睽之下擦黑板，接着把班委干部们狠狠地数落了一遍，然后又由点及面地批评了全班同学，最后还将那几天表现不佳的学生一一点名训斥。整整五分钟，学生们一直在毕恭毕敬地聆听。随后上的语文课，课堂纪律倒是异常得好，可气氛相当沉闷，学生在发言、朗读时都显得小心翼翼的。一节课下来，我感到身心疲惫。

对于这件事，陈老师谈道：

在教学活动中，类似于"擦黑板风波"这样的小事随时有可能发生，教师若是不够冷静，来个"小题大做"，搞扩大化批评，学生们在战战兢兢中怎么可能对自身的问题进行深刻反思呢？他们对教师的言行只能是不敢怒也不敢言，在老师的"高压"之下，变得毕恭毕敬，一潭死水的课堂气氛自然也就不可避免。反之，教师若能在此刻克制自己，冷静处理这些小问题，来个"大题小做"，放下老师的架子，为学生擦一擦黑板，给学生一个反思调整自我的机会，就可能轻轻松松地改变师生关系，调和不愉快的课堂氛围。教师这种宽容、豁达之举，往往出乎学生的意料，这是对学生的一种艺术的批评和无声的鞭策。

案例4-8 S老师的教师生活[1]

32 年了，S 教师每天的工作几乎都是这样：

例行公事：

签到，早自习（夏季作息时间 7:20—7:50，冬季作息时间 7:50—8:20），两操（课间操、眼保健操），上课，坐班备课，批改作业，考试，阅讲评试卷，个别辅导，家访（每个学期要完成班级 1/3 学生的家访任务），家长会（每学期期中考试后学校统一组织安排），安排指导学生大扫（每周五下午第二节课后）、小扫（每天早自习和放学后安排值日生打扫公共区和教室，下班（冬季 16:30，夏季 17:00，大多数情况下，因为处理一些事情，下班时间常常会推迟）等。

偶发事件：

开会，校内外听课、评课，接待家长来访，出外学习等。

高兴的事情：

完成预定的计划，学生有进步了，收到毕业学生怀念的卡片，得到学生家长的认同，得到学校同事、领导的支持与赞许等。

不高兴的事情：

预定的计划没有完成，学生态度或行为不佳，家长责难以及与学校同事、领导沟通不畅等。

---

[1] 陈秀红．一个中学普通教师信念的叙事研究 [D]．广州大学 2009 年 5 月硕士论文，第 30—31 页．

累积了每一个平凡的"天"、"周"、"月",一个学期就到了尾声,要开始整理学生的成绩、给学生进行评定,上交工作总结等。

就这样,迎接一批批新生入学,一批批旧生毕业……

当笔者急切地想知道是什么信念支撑着她十年如一日地站在这个三尺讲台上的时候,S教师平淡地回答:

"教书是我的职业,我每个月拿着工资,虽然每个月拿过29.5元、36元、48元、54元、1600元到现在退休工资的3466元,但是,和学生们在一起的日子非常开心,要是有什么烦心事,一站上讲台就忘记了。"

第五章 教师同行评价的艺术

与学生评价相比，教师评价更为复杂。教师角色的多样化及工作的复杂化使得对教师的评价很难做到全面而科学。为保证教师评价的信度和效度，我们常常综合多个评价主体的评价结论，多角度地对教师的业绩进行评价。作为评价主体教师而言，对于同行教师的教学、科研及专业发展更具有发言权，因为他们有着同样的经历和感触，与许多管理者相比，更贴近同行教师的内心想法，更深刻理解同行教师的学科知识、教学方法、课堂管理和课程设计等的内在用意，他们的反馈意见和建议在一定程度上可以作为教学改革的可行性参考。

第一节 教师同行评价的内涵

一、教师同行评价的含义

教师同行评价是指教师依据同事的教学业绩以及与同事交往过程中所得到的信息，对同事的发展和变化做出价值判断的过程。[1]教师同行评价的评价主体是站在教学第一线上的教师，教师无论对教学实践还是学校管理都参与其中，因此，教师在评价时最有发言权。教师的同行，狭义上可以是教师，广义上也包括学校的各级管理人员或者学校的领导者——校长。这里我们把教师、管理者和校长都统称为教师的同行，作为教师同行评价的对象。教师同行之间通过长期的相处、沟通和交流，内心都存在对彼此的评价，这种评价包括对同行的职业道德、工作

---

[1] 杜海平. 教师同行评价的伦理审视 [J]. 中国教育学刊，2011 (10)：39-42.

能力以及个性心理特征等多个方面的评价与判断。教师同行评价的目的主要是通过评价结果的反馈发现问题，改进方法，提高效率，促进发展，最终为学生的成长、教师和学校的发展提供有效的保障。

二、教师同行评价的意义

同行评价不仅在教师的形成性评价中具有很大的作用，而且它在创造学校浓厚的学术氛围与专业发展气氛上，也有很大的潜在价值。[1]

（一）促进教师与管理者的共同发展

教师对同行的评价为教师及其同行提供了大量有价值的反馈信息，对于被评教师与管理者的发展起到重要的推动作用。作为评价者教师而言，更加了解被评教师和被评管理者的工作性质和发展进步的可能性，因此，由同行的评价得到的改进意见或发展建议更具有实际意义和操作可能。对于这些意见和建议的吸纳，必然使被评者的发展寻求到了捷径。同时，教师和管理者也普遍重视同行给出的评价。同行之间存在着比较和竞争，这使他们更加看重自己在同行心目中的印象，由此也增进了被评者改正不足和追求发展的原动力。

（二）促进团结合作的和谐氛围

任何组织的成就都离不开团队的合作。学校组织要想稳定健康地发展，更需要教师与同行们的和谐相处和精诚合作，而他们之间的评价影响着这种和谐关系的建立和共同合作的机会。积极的同事评价既是教师心理健康的组成部分，也影响着教师的人际关系，真诚、友好、宽容、公平的评价会使教师感觉到自己在同事心目中的价值，从而促使自己对别的同事也能够以诚相待，提升教师自身的人际交往能力。[2] 教师与教师之间，教师与校长、管理者之间相互评价，本身就是一种以促进

---

[1] 欧本谷、刘俊菊. 多元教师评价主体分析 [J]. 重庆大学学报（社会科学版），2004（10）：127-130.

[2] 杜海平. 教师同行评价的伦理审视 [J]. 中国教育学刊，2011（10）：39-42.

共同进步与发展的合作。教师评价同行，有利于增加彼此沟通的频次，加深评价者与被评者的相互了解与感情互助，形成一个良好的学术研讨与专业发展的氛围。

三、教师同行评价的主要类型

（一）按评价对象划分

根据教师施评对象的不同，我们可以把教师同行评价分为教师评教、教师评管和教师评校长。

1. 教师评教

教师评教是指教师对同行教师的职业道德、课堂教学行为、教学水平、教学效果等进行的评价，是以教师为评价主体展开的民主性测评。评价者可以通过观察同行教师的日常工作表现或者查阅教师档案袋等资料的方式了解被评对象的相关信息，在同行测评表中进行打分或做出评价性论断；也可以通过听课的方式对同行教师的课堂教学行为表现做出评价并提出建议和意见；也可以通过与同行教师面谈或研讨的方式交换彼此的评价意见；还可以参考被评教师所教授学生的课业成绩，对该教师的教学效果做出评判。总之，教师评教是教师教学质量评价的重要环节之一，也是评价教师教学效果和反馈教学信息的一种有效手段，有利于引导教师不断更新教育观念，增强教育责任感，改进教学方法及手段，提高教育质量。

2. 教师评管

教师评管是指教师对学校管理人员的管理水平、管理工作表现及实施效果等方面进行的综合评价。教师评价管理人员一般通过填写调查问卷或者网上测评的方式，对被评人员的日常工作的态度表现、工作效率效果以及管理流程的制定等做出评价，为学校领导制定新的管理规程提供参考，也为管理人员的晋升奖惩提供依据。教师评管的结果及时反馈，能够有效地对管理人员做出工作方面的指导，同时也对学校的管理人员起到了一个约束的作用，有利于增强管理人员的责任感，有效整改管理方式方法，提高工作效率，使学校整体的教学管理科学化、规范化。

3. 教师评校长

教师评校长是指教师对学校领导者的德、能、勤、绩等进行的评价，是一种由下而上的评价。目前国内教师评价校长的方法主要以教师民主测评为主，由学校相关部门组织，教师以不记名的方式对校长进行测评，填写校长评价问卷调查表，测评的结果用于帮助校长发现工作中存在的问题，优化管理制度和管理手段，提高工作效率。以教师的视角来评价校长有其独特的优势。教师的评价能够反馈学校规章制度在实施过程中存在的不足和更多教学中的实际需求，能够使校长了解基层教学工作者最真实的想法，从而为学校制定更科学可行的发展规划。

本书仅探讨教师评教和教师评校长。

（二）按组织形式划分

根据评价组织形式的不同，我们可以把教师同行评价分为组织型同行评价和非组织型同行评价。

1. 组织型同行评价

组织型同行评价是指评价者按照固定的程序有组织地对被评者施评的同行评价。这种同行评价通常由特定的部门(如学校督导办公室)来统一规定评价目的、评价原则、评价内容、评价时间、地点、流程等。一般情况下，评价小组成员也是事先选定的，参与评价的教师需要经过专门的指导和学习，严格按照步骤实施评价内容，整个过程都是在预定计划范围内的。例如：教师民主测评校长、同行教师听课评课、同行教师测评等均属于组织型同行评价。

2. 非组织型同行评价

非组织型同行评价是指教师没有经过组织自然而发生的同行评价活动。这种评价是通过教师与同事之间的日常交谈自然发生的，没有事先的设计与安排，仅仅利用言语的表达来传达相互间的肯定与批评，这种评价更客观直接，有效地提高工作效率，效果不亚于组织型同行评价，但是评价范围很受限制，只能对个别人群起到作用。例如：校长为征求意见个人邀请教师进行的谈话活动、教师间无意的教学实践探讨等。

第二节　教师同行评价的优势与不足

一、教师同行评价的优势

教师同行评价在评价主体与评价对象的关系、评价时间空间、评价反馈等方面都有传统评价无法替代的优势。

教师同行评价具有时间和空间上的优越条件。

教师与被评者一般在同一单位就职，教师评价他的同行们，具有时间上和空间上的优势。第一，评价者与被评者之间可以通过多种方式(如听课、交谈等)接触与了解，有利于评价基础信息的获取；第二，有了时间和空间上的保证，更利于评价的顺利实施与有效进行；第三，评价者与被评者之间的沟通是随时的、即刻的，有利于评价结果的及时反馈。

（二）教师熟悉同行们的工作

教师作为教学专职人员，熟悉被评教师或管理人员的工作性质及工作流程，更易于评价活动的开展。对于同行教师，他们了解教学活动的组织与实施，了解教材的运用，了解课堂环节对教师的要求和教师可能存在的问题。对于管理人员，他们了解管理者的职责与工作细则，更加了解包括自己在内的被管理群体的心理状态。对于校长，他们了解校长工作的具体落实情况及实际效能，了解校长在管理学校过程中的成功与失误。

（三）教师提出的反馈建议更具实际价值

同行评价通常被用作为评价对象提供及时的反馈信息，以便得到其工作的改进与发展。教师作为评价者，评价的角度很特殊，他们更能贴近实际地表达群众意见，能够为同行教师及管理者们提出最具针对性的可行性建议，通过评价结果的反馈，促进同行教师教学工作的改进、管理人员工作效率的提高以及校长管理水平的提高。

二、教师同行评价的不足

教师在评价同行的过程中存在着两方面问题：

一方面，由于每个教师的能力水平和专业特长都是不同的，导致他们对其他同行教师的评价仅限于自己的能力范围内，例如，由擅长语文教学的教师来评价一节物理课的教学，由于评价者对物理学科特点和知识结构并不十分了解，因此听课的过程必然更加关注课堂用语等一些不太重要的环节，而对授课教师的其他表现有所忽略。这样评价的结果常常因为评价者的个人喜好而出现偏差，使得同行评价的可靠性不高。被评者有时也会质疑同行评价的反馈，引起同行之间的争辩和不理解。

另一方面，评价者与被评者的关系亲疏会影响同行评价的结果。评价者因为自身的利益或者个人情感因素，在对同行评价考核时或在程序制定上事先带有这样或那样的偏见，导致评价结果偏离实际，失去评价的意义。例如，有的教师在评价同行时，因为平时的关系要好而放宽评价尺度，在评价中做个顺水人情；而平时的关系不融洽的就借机报复，在评价中吹毛求疵；有的教师在评价校长时，常常因为怕得罪了领导而对其优点尽量夸大，对其缺点却只字不提。这些情况下的评价结论对被评价者都是不公平和不负责的，被评价者的真实水平不能得到有效的反馈，不利于教师教学的改进和学校的整体发展。

三、教师同行评价不足的弥补

为了解决教师同行评价存在的以上问题，使评价的结果更加科学有效，我们可以在人员及方法上作适当的调整，如：增加评价者的参加人数、采用多种评价方法、参考多元评价主体的评价结论等。

首先，增加评价者的人数，使评价更公正客观。组织型同行评价一般由组织部门形成一个评价小组，小组成员由不同层次的教师组成，这些教师需要在年龄、职称、学历、专长等方面均衡分布，目的是使评价更加规范化。要达到这个均衡，必须保证一定数量的评价成员。在同行评价中，综合评价小组中多人的评价意见形成最终的评价结果，能够避免由于个别成员的个人喜好或感情因素而造成的评价误差，使反馈意见可靠性更高。

其次，增加评价的方法和手段，使评价更科学全面。例如：教师在评价同行教师时，常常采用课堂观摩的方式，听课后进行总结评课。由于课堂的实际教学中突发事件很多，有时会影响教师正常水平的发挥，因此不能单纯地依据课堂教学的观摩来评价教师，有限的几次听课不能完全反映出一位教师的实际水平。多种评价方法并用，多种评价信息互证补充，包括阅读教师的正式档案材料，在校期间非正式地观察教师的工作情况，观摩教师的教学活动，听取学生对教师的教学意见，与教师讨论教学中的成绩和存在的问题等。[1] 教师同行评价过程中，使用多种方法得到的评价结果更为全面，能够避免单一方法的不足。

第三节 教师同行评教的艺术

教师同行评教，要选择科学合理的方法，遵循公正的原则，以促进教师改进教学、共同发展为目标。因此，教师应固守以科学、公正、发展为价值取向的同行评价。

一、教师同行评教的目的

1. 积极开展教师同行评价，可以帮助教师加深对学校定位、办学思路和培养目标的理解和认识，从而为教师的教育教学工作指明方向。

---

[1] 欧本谷、刘俊菊 . 多元教师评价主体分析 [J]. 重庆大学学报（社会科学版），2004（10）：127–130.

2．有助于收集各种教学信息。通过教师同行之间的相互评教、相互切磋，可以帮助教师收集到来自同行之间可靠的、建设性的信息，为提高教师的教学水平提供积极的支持。

3．加强教风建设，促使任课教师认真备课，精心组织教学，深入探究教学改革，全面提升教学水平。

4．督促教研室切实开展业务活动，有计划地组织听课，进行教学研究。

5．为全面、客观、公正地分析评价学校教风和教师教学水平提供依据。

二、教师同行评教的原则

（一）客观性原则

同行评教要遵循客观性原则。客观就是事物的本来存在状态，与主观相对。评价的客观性原则就是指评价活动的进行要反映出事物的本来面貌，不以某个人的情感意志而改变。客观性是最基本的评价原则，只有客观的评价才是有效的，其结果才是有价值的。同行评教中要想坚持这一原则，既要依据教学目标和课程标准的要求，又要兼顾任课教师和教学班的具体情况，因人而异地进行评教，体现其客观公正性。

（二）目的性原则

同行评教要遵循目的性原则。任何评价活动都要以目的为依据，目的贯穿评价过程的始终。目的性原则是指评价时要有针对性，有目的性，不能没有目标地随意做出评判。同行评教的评价对象为正在授课的教师以及课程讲授的整个过程。由于被评的每一门课程的学科不同、类型不同、性质不同，对其评价所使用的方法和基本要求也不尽相同。

（三）可信性原则

同行评教要遵循可信性原则。评价的可信性是指评价结果的可用、可靠以及有保障性。评价结论要有一定的可信性，才能使评价主体与评价对象达成共识，建议与意见才更容易被同行接受。评教过程中要坚持这一原则，首先要做到有理有据，理由充分，意见中肯，每一结论都应有充足的佐证材料作支撑。

（四）全面性原则

同行评教要遵循全面性原则。全面，与片面相对，有具体、完整的意思。评价的全面性是指评价中考虑问题要周全，顾及到所有方面的因素，避免从单一方面看问题并得出片面的结论。同行评教中更需要考虑全面，评价教师的课堂教学表现，既要考量教师的"教"，又要观察学生的"学"，从多角度评量教师的教学水平，要看到其优势加以肯定，又要指出不足并给出建议。

（五）民主性原则

同行评教要遵循民主性原则。民主是一种尊重个人权利的原则。评价的民主性是指评价过程中双方要遵循互相尊重、求同存异的原则。同行评教的过程中要坚持这一原则，评价首先要在彼此平等的基础上进行，评价的结果需要通过双方研讨或协商的方式进行总结，以求共同改进共同提高，遵循教无定法的原则，切不可强求一致意见。

（六）及时性原则

同行评教要遵循及时性原则。评价的及时性主要包括观察要及时、记录要及时、总结要及时、反馈要及时。教师在课堂中的教学行为表现往往都是瞬间形成的，需要评价者敏锐的观察能力和思考能力，迅速形成评价结论，如实地反映实际教学状态。评教后要及时总结、评论，并将意见反馈给被评教师，尽快做出整改方案，以促进教学水平的提高。

除此之外，在同行评教的具体工作中，还应注意过程评价与效果评价相结合的原则，把教师的教学过程和工作效果相结合，公平公正、实事求是地反映教师工作的实际状况。

三、教师同行评教的形式

（一）课堂观察记录

课堂观察主要是指教师同行在教学过程中观察教师教学行为以帮助其提高教学效果的过程。[1]这一过程即是教师听课和评课的过程，它是教师同行评教的主要形式。课堂观察的主要内容包括：课程内容的总体设计、教学材料的准备和使用、教学方法与手段的应用、教学组织与管理、学生在课堂中的参与、教师对学生的评价与反馈、教学目标达到程度等。评价者在观察这些内容时，除了要做好现场记录以外，还要利用事先编制好的教学行为评定表，对教师进行逐项考核。在必要的时候，也要利用录音或录像设备，对课堂情景进行全程记载，以便事后评价双方在一起开展详细的教学质量分析，找到教学的强项以及薄弱环节。[2]

（二）教学档案袋的审阅

教学档案袋是指教师在一定时期内，对自己的教学业绩、完成的作品和相关教学信息的系统积累。教学档案袋不仅可以为教师个人反思提供机会，而且能够为同行评价者分析教学工作的成效呈现大量的素材。[3]教学档案袋的收集由教师本人来负责，可以挑选一些最能代表教师业绩的材料，也可以根据评价的需要按照固定要求来做准备。教学档案袋的主要内容一般可以包括：个人教学思想和目的陈述；教学计划和内容大纲；学科教案选例；教学辅助材料，包括学生阅读提纲、练习题目、考核方法、学生作品等；课堂教学录像带；学生对教学的评价；其他教师对教学的观察记录；教学反思日记；教学改革与研究成果；改进教学的方案。[4]

[1] 陈瑜. 美国大学教师评价中的同行观察初探——以德克萨斯大学为例 [J]. 教育与考试，2011（04）：85–96.

[2] [3] [4] 蔡敏. 同行评价：美国中小学教育评价的重要方式 [J]. 教育科学，2006（22）：81–83.

四、教师同行评教的步骤

教师同行评教主要是围绕教师课堂教学行为，以提高教师教学能力、促进教师专业发展、实现教育质量的提高为目的，因此采用的主要方式是课堂观察。下面探讨课堂观察的同行评教形式的具体实施步骤。

（一）我国中小学教师同行评教的实施步骤

我国中小学教师同行评教的实施一般由学校教务处或教研室统一组织，按照一定的程序进行听课及评课活动，其评价结果将作为教师本学期的教学质量考核、职称评定、年度评优等的参考依据。评课的内容主要包括教师的教学态度、教学方法、教学内容和教学效果等方面。

1. 教师同行评教的组织

我国中小学教师同行评价工作一般每学期组织一次，一般结合着教学检查工作进行。由学校成立评教工作领导小组，由分管评估的校长任组长，教务处处长任副组长，成员由教务处及教学督导组有关专家担任。评教工作领导小组负责全校同行教师评教工作的组织与管理。各教研室分别成立评教小组。评教小组一般由教研室主任任组长，成员由各教研组组长和教师中选出的政治思想表现好、学术水平较高、教学经验丰富、公正无私的人员担任，人员组成以5—7人为宜。各教研室评教小组负责安排教师听课评课的具体日程，确保每位教师都被评教。

2. 同行评教的听课和评课过程

为确保同行评教的及时性与真实性，评教工作与同行听课同时进行，教师根据听课情况客观公正地填写《教师听课记录表》及《教师课堂教学质量同行评教表》，相关数据作为教学检查的重要考评依据。

3. 教师同行评教的结果处理

同行评教成绩由各教研室评教小组按参加评价教师实际人数及次数的平均分

计算,一般以优秀(90～100分)、良好(80～89分)、中等(70～80分)、合格(60～70分)、不合格(60分以下)五分制记分形式记录。每次评教成绩将记入教师档案,作为教学质量考核、职称评定、年度评优等的重要依据。对于成绩不佳的教师,由所在教研室主任组织同行专家帮助其查找原因,形成书面整改计划,并督促其改正。根据各位教师的得分情况,学校组织教师以教研室为单位认真进行评教总结,制定促进教风建设和教学改革的具体措施,以改进教学工作,提高教学质量。

(二)美国教师同行评教步骤的借鉴

美国是最早实行同行评价的,在实施过程中积累了很多经验,值得我们借鉴与学习。在美国中小学校,教师同行评价的步骤主要由三部分组成:课堂观察前会议、课堂观察、课堂观察后会议。其中,课堂观察后会议是被评价教师觉得最重要的、最有助于提高的、教师评价的必不可少的步骤,因为缺少反馈的评价是不完整的、无效的评价。[1]

1. 课堂观察前会议

课堂观察前会议主要解决两个问题,一是评价规则的制定,二是评价人员的选择。

关于评价规则的制定,美国学校里不同的教师群体是有不同的评价侧重点的,而且允许教师参与具体评价的时间、评价周期方面的选择;对于评价标准的制定,教师也有权根据自身的需要和个别差异与评价者商讨和修改,量身定制一套较为适合自己的评价规则。

关于评价人员的选择,许多美国中小学在挑选评价人员时,在具有5年以上丰富教学经验,熟悉学科教学、教育学、心理学和管理学的优秀教师中进行考核,严格筛选出能够胜任评价任务的教师,并且所有被选拔上的人员都要具有扎实的教

---

[1] 孙静 . 当前美国中小学教师评价的主要方法 [J]. 外国中小学教育,2007 (07):48-50.

学评价知识，都要经过严格的评价技术训练，以保证评价实施过程达到专业化要求。

2. 课堂观察

课堂观察是同行评教的主要实施步骤。通常情况下，评价者需提前与被评教师商讨课堂观察的时间、地点和具体讲授内容等，使评价者在评价之前做好课程准备，知晓预评课程，提高评课效果。课堂观察应以不影响被评教师的正常教学为前提，听课过程中，评价人员应本着客观公正的评价态度如实记录教学过程，分析被评者教学中的优缺点，必要时可通过录音或录像等手段录制实证材料。

3. 课堂观察后会议

课堂观察后会议是同行评价实施反馈功能的重要环节。课堂观察后会议一般由参与评价的主要评价者和被评教师共同参加，会议主要汇总评价者所提出的建议和意见，评价者协同被评教师共同商讨其如何改进教学中的不足，提出可行性方案，并督促教师在今后的实践中予以执行。在整个评价过程中，教师们往往表现出参与的积极性和对评价反馈的认可度，这对于真正改进教学及提高教学效果起着重要的作用。

五、教师评课的基本功

评课是课堂教学研究的重要方法和手段。通过评课，评价人员对课堂教学做出科学的价值判断，激励教师不断改进自己的教学，引导教师向着正确的方向发展。评课的过程，无论对于被评教师，还是评价者来讲都是一种提高的过程。评课是一门艺术，也是教师课堂教学必备的基本功。评课不仅要发现问题，更重要的是如何解决课堂教学的问题，为讲授者提供改进方案。

（一）评课前的准备工作

听课是评课的前提准备，听课的每一个步骤都将影响评课的准确度和可信度。

因此，要想评好课，首先要听好课。

1. 听课前功课

听课前要做好准备工作，避免因听课者的原因导致的评价的失真。

(1) 明确课程的教学目标和本次课的教学任务，熟悉课程教材和本次课的教学内容，了解教学重点及难点，用于考核教师的课堂组织和方法手段的应用及教师教学任务的完成情况。

(2) 掌握教育理论知识，了解教育方法和教育规律。

(3) 熟知该课程相关学科动态，做好知识的储备，利于评价的公正科学。

(4) 了解任课教师和听课班级学生的基本情况，如教师的教龄、学历，学生的平时成绩、智力水平等。这对于评课的结果的分析起到一定的参考作用。

2. 听课中的观察记录

评价者在听课过程中所进行的观察与记录，将作为评课的重要依据，需认真谨慎，细致入微，尽可能反映课堂教学的原貌，为评课提供详尽的参考资料。

(1) 观察记录教师的教学表现

听课记录应重点来源于教师的教学表现，包括教学环节的设计、教学方法的运用、师生的互动等。关注教学环节的设计，记录教师如何安排课堂教学的方方面面，如何科学控制、自然过渡，以达到教学目标的要求。关注教学方法的使用，记录教师在教学中使用的方法和技术手段，如讲授法、演示法、讨论法等。关注师生的互动，记录整个课堂的师生情绪及课堂的气氛。教师在课堂教学中的表现没有特定的规程，教学环节及教学方法都可以因实际情况的变化而适时调整，以符合实际教学需要。听课者需认真观察教学者的教学实施过程，观察其每一环节的行为变化、目的所在以及最终效果如何。

（2）观察记录学生的学习表现

学生的学习态度、学习质量、学习效果是课堂教学效果的最终体现。[1]教师讲授得再精彩，学生学得不好，整个课堂教学也是失败的。在同行进行听课评课的过程中，评课者应关注学生的学习表现，通过观察学生参与课堂的积极性、课堂表现出的学习兴趣和学习态度、运用的学习方法，反映教师的教学效果，从而评价教师的教学。听课者应该记录学生的课堂关注度，具体表现为是否能够在教师的引导下积极参与课堂学习中，是否积极主动地思考、发言。听课者还应该记录学生的情绪投入，即是否愿意与教师互动，整个过程是否乐在其中，这些都可以反映出教师教学设计及组织课堂的能力。

（3）记录教与学的优缺点及总结评析

听课者在听课过程中应注重观察，更要认真分析，不但要记录教师的教和学生的学，还要结合自己的教育观念，分析其优势与不足。听课的目的是评课，评课的目的是促进教师教学水平的提高和专业的进一步发展。因此，听课过程中，听课者还要记录下自己的感受，包括对课堂教学的优点肯定、对教学的指导改进意见、对课程的整体评估等。

3．听课后的讨论

听课者在听课结束后应及时与授课者进行沟通，把记录下来的对课堂的建议和意见反馈给授课者，并与其进行研究和讨论。对于评课者发出质疑的环节，授课者可以给予辩解，对于评课者提出的正确的意见，授课者可以参与讨论如何改进。这一环节非常必要，这种形式的讨论有利于评课结论的有效生成，更有利于授课者得到及时的反馈内容，形成改进方案，以促进教学质量的提高。

---

[1]　陆建平．听课如何记录才有效[J].话题研讨，2009（04）．

表5-1 评课评价表[1]

学校		授课教师				总分	
时间	年　月　日　第　节					评课人	
课题							
评价指标	评价要点	评价等级赋值				评价得分	
		优	良	中	差		
评教学目标(10分)	知识目标是否确立 能力目标是否达到 德育目标是否落实	10	8	6	4		
评教材处理(15分)	教学大纲要求是否达到 教材处理是否合理 教学重点是否突出 难点是否突破	15	12	10	8		
评教法运用(20分)	教学手段是否先进 教学方式是否恰当 教学方法是否有效	20	18	16	12		
评学法指导(15分)	学科思想方法是否渗透 学生的学习方法是否掌握 学生的综合能力是否强化	15	12	10	8		
评教学过程(20分)	教学过程设计是否科学 教学双边活动是否有步骤、分阶段进行 教学时间分配是否合理	20	18	16	12		
评教学效果(10分)	学生的学习积极性是否调动 学生解答问题的正确率 教学任务是否完成、有何教学特色	10	8	6	4		
评教师素质(10分)	教师师德师风师表如何 专业知识是否扎实 教学态度是否端正 语言表达是否精确 板书设计是否规范	10	8	6	4		

（二）评课常用的方法

　　评课一般常用综合评价法，综合评价法是指评课者从多个角度系统全面地对教师授课做出评价的方法。评课的内容和标准主要包括教学目标、教学内容、教学程序、教学方法、教学技能、教学效果和教学特色等七个方面。

[1] 陈火弟、杨淑群. 评课理论探析 [J]. 辽宁教育研究，2003（11）：74-76.

1.教学目标

教学目标是指教学活动实施的方向和预期达成的结果，是一切教学活动的出发点和最终归宿。新课程教学目标体系包括知识与技能、过程与方法、情感态度与价值观三个维度，每一节课的教学目标都应依据该课程标准的要求严格制定。教师在课堂教学中应准确把握教学目标，所有的教学行为表现都应围绕着这个中心来开展，为实现目标服务。

2.教学内容

教学内容是教师一节课上要传达给学生的主要信息，包括教材的处理和难点重点的选择。涉及课程的教材内容很多，教师不能面面俱到都传授给学生，教师首先应进行内容的精选，哪些内容要重点突出，并有益于教学目标的达成。如"内容充实，概念准确"的评价就是指对教学内容部分的判断。

3.教学程序

整体教学程序的安排体现了一位教师的教学能力和教学素养。我们常在听课记录中写到"思路清晰，结构严谨"就是评价这部分内容。对教学程序的评价包括对教学整个过程的观察记录，如教学思路的设计、运行，教学时间的安排、处理，教学环节的表现、过渡等。

4.教学方法

教学方法包括教师在教学过程中采取的教法和学生在课堂学习中采取的学法两个方面，包括教师讲授的方法的选择，多媒体等技术手段的运用以及指导学生投入学习的方法等。评价教学方法是评课的重要内容。评课者要着重评价教师在教学过程中所选用的各种教学方法的理论依据和实际效果，即方法是否恰当有效。

5.教学技能

教学技能即教师的教学基本功，是教师上好一门课的前提条件。评课者可以通过教师在课堂上的表现评价出教师的教学基本功，也可以反过来评价一门课的好坏。教师的教学基本功包括语言、板书、教态、演示等。语言准确清楚地表达，能够增添课堂的感染力；板书的条理清晰，能够加速课堂的进程；教态的端庄从容，能够增加教师的亲和力；演示得熟练标准，能够加深学生的认识力。

6.教学效果

教学效果是反映课堂教学成功与否的重要依据。教学效果主要反映在学生的受益程度上，学生在课堂上受益的大小是评价的一个重要指标。课堂教学效果的评价内容包括课堂气氛是否热烈、学生的参与是否积极、学生的课堂反应是否活跃等。总之，评课者从结果看过程，更能够评判出授课者的真实教学水平。课堂效果的评析，有时也可以借助于测试手段。即当上完课，评课者出题对学生的知识掌握情况当场测试，而后通过统计分析来对课堂效果做出评价。

7.教学特色

很多教师都想在实际教学中展现自己个性的教学方法或教学思想，有利于教学任务实现的个性表现被称为教学特色，是目前教学评价中比较推崇的。教学有法，但无定法。教学不必按部就班，墨守成规，可以根据具体情况随机应变，灵活处理。评课教师在评课过程中也应灵活应对一些不符合特定程序的教学活动的评价。

案例5-1 Unit 4 It's warm today A Let's learn课后评析[1]

建始县教研室　谭志艳

我观看了宣恩县珠山镇宝塔小学崔晶老师执教的PEP四年级下册Unit 4 It's warm today A Let's learn 这节课的课堂实录，我从下面七个方面对这节课作一个简单的评析：

1.从教学目标上看，本课突出一个"明"字，即知识目标、能力目标、文化

---

[1] http://www.mzjky.cn/yyxk/ShowArticle.asp?ArticleID=8274.

策略目标明确，符合大纲要求，符合教材和学生的实际，体现了循序渐进的教学规律，操作性强。

2.从教学内容上看，本课抓住了一个"准"字。即重点、难点的确立准确，教学思路清晰，先教重点：weather, warm, cold, hot, cool，由浅入深，情景导入，训练形式灵活多样，有 pair work、group work、half work，有 whole class work，有 boys、girls 表演，有 teacher 问 students 回答，students 问 teacher 回答，有游戏操练，人均活动量大，次数多，练得到位，在大量的训练中突出了重难点。

3.从教学程序上看，本课体现了一个"清"字。Warm—up—Revision—Presentation—Practice—Consolidation 五个环节紧密相连，过渡自然，严谨有序。

4.从教学方法上看，本课呈现了一个"活"字。教师教法活，学生的学法活。

(1)教师教法活集中表现在充分利用电教手段，自制课件、空中课堂资源，录音机，单词卡片，装有冰块的杯子，用真实的旅行途路线激发学生的求知欲，做穿衣服脱衣服动作等创设情境，如师生穿脱衣服，老师提出问题"平常穿脱衣服与什么有关"，导入 weather；穿上棉衣导入 warm；用装有冰的杯子让学生感觉，导入 cold 等。另外，训练形式也灵活多样，如游戏 hide and seek 操练单词；听天气预报写答案，课件展示一些有代表性的城让学生掌握我国东、南、西、北的气候特征等。
(2)学生学法活，如学生积极性高、兴趣浓、参与意识强。学生自己编动作表演天气预报歌谣，学生活动生龙活虎、丰富多彩。

5.从教学技能方面看，本课体现了一个"强"字。教师自始至终能用英语加少量的母语授课，显示了较强的外语教学基本功和驾驭课堂与教材的能力。

6.从教学效果上看，本课突出了一个"好"字。即课堂教学效果好，学生人均活动大概在 5－6 次以上，课堂无死角，英语教学目标听、说、读、写四个方面的技能落实得很好，人人参与使学生置身于情境之中，真正体现了面向全体学生的教育思想，全面推行素质教育。

7. 从教学特色上看，本课展现了一个"谐"字。即师生双边关系和谐融洽，教师年轻漂亮，笑容可掬，亲切自然、和颜悦色的面部体态语言无疑为学生营造了轻松愉快、宽松祥和的气氛，而这种气氛的形成为师生的教与学这一双边活动的顺利完成打下了良好的基础，真是笑迎八方教学精英，笑送学子"知"和"情"。

最后，我谈一点建设性意见，供崔老师参考。在空中课堂资源的应用上能否再多一点，当 Sally 老师进行示范发音时，让学生不出声认真听，然后模仿发音，跟读操练，这样也能推广空中课堂资源在农村学校的大量使用。

综上所述，本课体现了以教师为主导、学生为主体、训练为主线的现代教学意识，体现了加强双基训练、培养交际能力的教学原则，展现了宣恩县珠山镇宝塔小学英语教学的实力。

第四节　教师评价校长的艺术

校长评价是对校长的工作表现、工作业绩进行判断和决定的过程，其目的在于了解校长工作表现的优劣得失及其原因，以协助校长改进服务品质或为校长的奖惩、晋升提供依据。[1]现行的校长评价按评价主体来划分主要有三种类型：第一种是校长自评。校长根据评价指标自我评价。第二种是教师民主测评。每学年由区或县教育行政部门组织与校长共事的教师，采取不记名的方式，依据一定的标准对校长进行测评。第三种是专家评价。由专家评审委员会采用直觉定位量化方法，通过观察、访谈、查阅资料、听取汇报等途径，对校长作整体性判断。以上三种类型评价互为补充，从不同角度对校长工作进行评价。[2]评价校长的工作表现及能力对于校长自身的提高和学校的发展都十分重要，评价主体一般包括教育行

[1] 辛志勇、王莉萍. 中小学校长评价研究述评 [J]. 教育理论与实践，2006 (18)：13-15.
[2] 金凤、朱洪镇. 对校长评价中教师参与问题的思考 [J]. 教学与管理，2004 (02)：16-18.

政部门的领导、同行校长、下属教师和校长自己等，其中教师对校长的评价更具价值，对校长的成长及学校的发展有重要的意义。

一、教师评价校长的目的与意义

评价校长是一件非常敏感的、具有综合效应的活动，会产生交往、反馈、导向、鉴别、监控、管理等多种效能，不仅会影响到校长的工作目标和行为，而且会影响到校长的心态以及与他人之间的关系。由于校长工作具有综合性、复杂性以及投入潜在性和价值无形性等特点，决定了其工作绩效也具有多维性、间接性、模糊性、不确定性和潜效性的特征。[1] 校长评价的目的是通过评价发现校长工作中存在的问题，并及时得到解决方案，以便改进校长的工作方法，提高校长的管理水平和工作效率。相对于其他评价主体，教师在评价校长时有其独特的优越性。校长作为学校的最高领导者，负责学校的整体规划，包括办学目标的实现和组织的完善，为教师的专业发展和学生的全面成长提供外部资源及环境的支持与保障。教师是学校工作的主要执行者，承担着教学任务，同时也参与学校政策的执行和部分管理协助工作，与校长接触较多，熟悉校长的管理途径和工作实施过程，因此可以获得校长工作成效的一手资料，在评价信息的收集方面占有一定的优势，增加了评价的信度和效度，使校长获得有效的反馈信息。

教师对校长进行评价具有重要意义。首先，教师评价校长能够对校长的工作业绩给予及时的肯定。校长对来源于下属教师群体的评价结果往往更加关注，教师的认可更能够增强校长的自我效能感，从而提高校长的自信心。其次，教师评价校长能够发现校长的不足，帮助校长改进管理方法，提高管理水平。校长从教师的评价中将得到很多有价值的反馈信息，这些信息更具有针对性和及时性，有效地促进校长的专业发展。再次，教师评价校长能够帮助校长更好地认识自己，确定自我发展的目标。教师对校长的评价一般都是不记名形式进行的，因此，评

---

[1]　http://www.qec.com.cn/Infoshow.asp?id=2637.

价结果更客观有效,能使校长更清楚自己的优势和劣势,更加明确自己的发展目标。

二、教师评价校长的标准和原则

(一)标准

国外校长评价的内容和指标丰富而全面,更重视对校长的个性特征、领导行为、有效学校领导和专业发展潜力等方面进行评价。

加拿大中小学校长的管理评价标准包括个性与专业素质、战略计划、课程与教学管理、组织管理、学校与社区协作五个方面,每一方面又包括具体的指标和标准,如下表所示。

表5-2 管理评价标准 [1]

个性与专业素质	人品:为人正直、忠诚;以诚相待,以身作则。
	作风:自觉、主动,有思路、有方法,做事效率高、言行必果。
	知人:了解师生员工,深谙其感情、动机和需要。
	守信:尽职尽责,按时完成任务。
	承受力:能有效安排时间,承受时效性强、任务量大的工作的压力。
	幽默感:能以适当的方式吸取自身或他人的经验教训,风趣豁达。
	热情:处事热情,精神饱满。
	表达:善于表达,有较强的口语和文字表达能力。
	知识:谙熟教育管理、课程与教学理论,掌握其最新发展动态。
	反思:能对自己的工作表现、素质能力进行分析,取长补短。
	交际:能同他人有效合作,与家长及其他社区成员关系融洽。
	办学观:相信学校,相信师生员工、家长和社区。
战略计划	职责:相信全体师生员工,用个人的权威和言行影响师生员工的发展。
	目标:激励自己和师生员工确立发展目标、方向。
	实施:遵照目标,调动全体师生员工积极参与、实施教育教学规划。
	评估:测评在学校及学区的工作进展情况,改进思想观念、修正计划目标。
	职业发展:让教职员工积极参加在职进修,提高素质,努力实现计划目标。

[1] 林森.加拿大萨省中小学校长的督导与评价[J].中小学教师培训,2005(08):61-63.

课程与教学管理	教学活动的开发：同教师一起制订、修改、实施各种教学活动，以满足学生需要。
	课程内容的完善：保证学校的课程内容符合萨省的《课程标准》要求。
	全体职工的督导：对全体职工实施督导。督导活动具有公正性、客观性、激励性。
	课程调整与协调：具有良好的课程科学调整和协调实施机制，适应教学发展需要。
	学生评估：制订由家长等各有关人员参与的合作性的学生跟踪评估计划，系统记录。
	活动评估：对学校的各项活动进行常规和系统的总结，提出改进意见，不断完善。
组织管理	管理过程：制订和实施管理计划；管理过程做到公平、一致；先民主，后集中。
	教学组织：弄清教学需要，安排好教学具体日程。
	教师队伍建设：实施系统的教师队伍建设计划，进行教师专业发展培训，增强学习技能。
	科学决策：依据教育目标，基于准确的信息，把握科学决策过程。
	财务管理：根据学校各方面工作需要，做好资金预算，合理使用资金。
	新教职工职业定向：帮助新教职工确定岗位和职业发展方向。
	支持教职工群团组织：关注教职工的需要、兴趣，支持建设性的小团体组织。
	学生管理：参与改进学校规章制度，通过组织、教学、评价等各种手段，帮助学生。
	对教职工的督导与评价：制订和实施对全体教职工的全面、客观、公正的督导和评估计划。
	设备和校园管理：除日常校园巡视、常规设备检查外，要有计划地做定期重点安全检查。
	突发事件的管理：对教学中出现的突发事件能机智、冷静，适时控制调节、妥善处理。
学校与社区	社区参与学校：让社区了解学校。让家长、社区和社会志愿者走进学校。
	与家庭、社会组织协作：向学生家长通报有关学校信息或学生情况，请家长在校外予以帮助。
	与其他教育部门协作：同社区其他相关中小学，特别是同当地的大学保持良好的关系。

美国的学校领导者资格认证协会针对中小学校长评价提出六项专业标准，包括发展学校愿景、倡导学校文化与教学方案、有效管理、与家庭和社区合作、公正行事、回应并影响大的环境，并且每项标准都分别从校长知识、态度和绩效等

三个方面进行了具体规定和解释。

标准一：通过制订、表达、执行、保持整个学校团队共享和支持的学习愿景来促使所有学生成功；

标准二：通过倡导、培育和保持有助于学生学习和教职工专业发展的学校文化和教学计划来促使所有学生成功；

标准三：通过对学校组织、运作、资源的有效管理，保证一种安全、有效的学习环境来促使所有学生成功；

标准四：通过与家庭和社区成员的合作，对社区多样化的利益与需要做出有效反应，调动社区资源来促使学生成功；

标准五：通过正直、公正的行为，并以符合伦理的态度来促使所有学生成功；

标准六：通过了解、回应并影响政治、经济、社会、法律、文化这个大环境，来促使所有学生成功。

后来，美国教育管理政策委员会在修改新的教育领导委员会所修订的标准时又增加了第七条，即：学校领导者是通过在由高校和学区等共同计划和指导下的学校情境中帮助学生实践真正的、持续的、高标准的体验，获得毕业证书，来促使学生成功的教育领导者。

目前，我国对校长考核的内容基本是从德、能、勤、绩四个方面探讨的。[1]"德"即校长政治思想道德；"能"即校长业务知识和履行岗位的实际工作能力；"勤"即校长的责任心和事业心；"绩"即校长的工作成绩和工作效益。我国实施的校长评价方案中，对校长评价标准的制订依据主要是1991年教育部颁

---

[1] 叶战修.校长的考核与考查[J].中小学管理，1998（02）：13.

布的《全国中小学校长任职条件和岗位要求》和1992年中共中央组织部和原国家教委联合发布的《关于加强全国中小学校长队伍建设的意见(试行)》中对校长任免、考核、奖惩、待遇等的相关规定。

（二）原则

教师评校长应本着科学、客观、全面的原则，使评价结果真实可靠，具有更为实用的参考价值。

1. 科学性原则

教师评校长，应遵循科学性原则。任何评价活动的进行都首先要做到科学，无论是采取的方法，还是实施的过程都要有理有据，保证评价数据的科学可靠、真实有效。

2. 客观性原则

教师评校长，应遵循客观性原则。教师在评价校长的过程中，常常受到个人的感情因素影响，带有一定的随意性，使得评价过于主观，结果产生偏差，不利于评价反馈意见的有效利用。

3. 全面性原则

教师评校长，应遵循全面性原则。教师评价校长时应尽量避免以偏概全，不要针对校长某一方面的优势或不足进行夸大，而掩盖了真实的情况，以致不能全面地评价出校长的实际水平。

4. 个性化原则

教师评校长，应遵循个性化原则。每一位校长都有其独特的处事方法和原则，针对一些不同寻常的个性化的工作模式，教师应以尊重为前提，认真分析其优势与不足，不要强加标准，打击校长的创造力。

三、教师评价校长的内容和形式

（一）内容

1. 校长道德评价

校长道德评价是校长评价的最基本的组成部分，是校长道德建设的重要环节之一。校长道德评价是指依据教育管理道德标准和校长职业道德规范，通过社会舆论和个人心理活动等形式，对校长的教育管理行为及其道德品质所做的善恶褒贬判断。校长道德评价是现代教育管理道德活动的重要形式，评价对象包括校长的教育管理行为和校长道德品质。[1]

校长是一所学校的领航人，他的道德水平的高低影响着其所属学校教职员工及学生的道德水平发展，决定着整个学校道德教育的发展方向。通过对校长的教育管理行为和道德品质的评价，能够对校长的行为起到监督作用，使校长面对种种诱惑做出正确的道德行为选择，增强校长的道德责任感和道德判断能力，从而促进整个校长队伍道德水平的提升。

2. 校长能力评价

校长能力评价是校长评价的主要内容之一，包括对校长业务知识和履行岗位的实际工作能力的评价。业务知识包括政治理论、国情知识、教育政策法规知识、学校管理知识、教育学科知识及其他相关知识等。工作能力包括预见能力、协调能力、执行力、决断力、自律力等。根据《全国中小学校长任职条件和岗位要求(试行)》的规定，校长应具备以下条件并满足其岗位要求：能根据党和国家的有关方针、政策、法规制订学校发展规划和工作计划；善于做教职工和学生的思想政治工作及开展品德教育。能从实际出发，采取有效措施，促进学生全面发展；具有听课、评课及指导教学、教研、课外活动等工作的能力。具有指导教师

[1] 杨平．简论校长道德评价 [J]．基础教育研究，2006（08）：10-12．

提高业务水平和改进教学的能力；善于发挥群众团体的作用。能协调好学校内外各方面的关系，发挥社会、家长对搞好学校工作的积极作用；能以育人为中心，研究学校教育的新情况、新问题，并从实际出发，开展教育教学实验活动，总结经验，不断提高教育教学质量；有一定文字能力，能起草学校工作报告、计划、总结等，会讲普通话。具有较好的口头表达能力。

3. 校长勤责评价

校长勤责评价是指对校长的责任心和事业心的评价。作为学校的领导者，校长应该具有强烈的事业热忱和责任感。根据《全国中小学校长任职条件和岗位要求(试行)》的规定，校长应尽的主要职责有：全面贯彻执行党和国家的教育方针、政策、法规，按教育规律办学，不断提高教育质量；认真执行党的政策，团结、依靠教职员工，发挥广大教师和职工工作的主动性、积极性和创造性；全面主持学校工作，领导和组织总务工作，德育工作，教学工作，体育、卫生、美育、劳动教育工作及课外教育活动，配合党组织开展工作。充分发挥工会、共青团、少先队等群众组织的积极作用。发挥学校教育的主导作用，努力促进学校教育、家庭教育、社会教育的协调一致、相互配合，形成良好的育人环境。

4. 校长绩效评价

校长绩效评价包括对校长的工作业绩及工作表现行为的评价。绩效既包含业绩结果，又包含过程行为。校长的绩效评价是校长评价内容中最容易得出量化结论的一个评价视角，能够对校长的整体水平和综合效能做出评价意见，可作为校长阶段性考核或奖惩的重要参考依据。在评价过程中，评价者应关注绩效的四个特征：第一，绩效是与工作有关的；第二，绩效是多维的；第三，绩效是多因引起的；第四，绩效是动态变化的。具体评价项目如下表可供参考使用。

表5-3 中小学校长绩效评价项目[1]

项目	指标
1	教育思想和教育理念得到组织成员的认同
2	学校制订的中长期发展规划和短期工作计划符合教育教学思想和学校实际
3	学校的师资队伍建设方面，人才结构合理，队伍稳定
4	与各级领导部门关系和谐，能为学校争取更多的支持
5	升学率（或在原有基础上的推进度）高
6	学校文化有特色、有底蕴，发人向上
7	领导班子团结，凝聚力强
8	学校的管理机制科学有效
9	学生的身心能够健康发展，精神面貌好
10	能对学校的课程实施与改革进行有效指导
11	与其他学校关系良好，在合作的基础上开展良性竞争
12	学校的公共安全工作较好，没有出现危害学生和教师安全的事故

（二）形式

1. 面谈评价法

面谈法评价校长，可以是组织型的访谈或研讨会的形式，也可以是非组织的个人行为的面对面交谈。虽然形式不同，但目的都是通过与教师的面谈，了解校长一段时期的工作表现和群众威望，帮助校长总结经验和教训，进而制订未来的工作发展计划。这种校长评价方式要求参评教师对学校工作和整体发展有高度的责任感，并时时加以关注，善于总结和分析问题，并有自己的独特见解。校长在聆听教师意见时也应表现出足够的专注与诚意，营造和谐的面谈气氛。

面谈法评价校长的实施过程较为简单易行。首先，要确定面谈的目的和内容。

[1] 赖俊明. 新形势下中小学校长绩效评价研究[J]. 教育测量与评价，2011（05）：13-18.

谈话之前要明确评价的目的并将要了解的具体内容列成提纲，以便谈话有目的有程序地进行。如校长过去一年的工作表现如何；对某项管理制度的实施有何见解；反映新问题新情况；哪些方面需要校长的帮助；对校长的期望；对学校未来发展的建议性意见等。

其次，要确定面谈的时间和地点。选择合适的时间，使校长和教师都有充足的时间畅所欲言，圆满地完成评价任务；面谈的地点应便于双方沟通，且具有隐蔽性，使教师放松心情，可以无拘无束地倾诉自己的想法，一般的，安静且无人打扰的地方比较适合此类活动的进行。

最后，交谈中共同协商、求同存异。教师在评价过程中，不能将自己的观点强加给校长，需要经过讨论、商量，最终得到双方都认可的方法途径。

教师采用面谈法来评价校长有一定的优势。面谈法简便易行，不需要提前做很多准备工作，也不需要收集数据统计结果，仅需要提供谈话场地即可，节省了大量时间和精力。同时，面谈法是由教师和校长直接沟通，避免因中间环节的信息传递而出现结果偏差，在谈话的同时，教师已经将评价的反馈意见传达给校长本人，并且，经过双方商讨的意见和建议更具有可行性。通过面谈，不但加强了校长和教师间的互相信任与相互尊重，还能帮助校长发现存在的问题，及时整改，不断提高管理水平。

面谈法评价校长也存在一定的局限性。有的教师怕得罪领导或者为了顾及校长的颜面，不敢说出心里真实的想法，导致评价失效。而有的教师喜欢发牢骚，又不注意沟通的方式，使校长得不到有价值的反馈意见。

2. 问卷调查法

问卷调查法是教师评价校长最常用的一种评价方法。问卷调查法采用不记名形式，由学校相关部门负责编制、发放、回收问卷，以大多数人的意见反馈作为对校长的评价意见。与面谈法相比，问卷调查法能够避免教师与校长之间面对面式提意见的尴尬局面，使教师更放松更理智地思考问题，不受时间和空间等诸多限制，但有时某些教师为应付了事而随意填写的情况也不可避免。由于问卷设计存在很多局限，填写问卷的教师往往不能将自己的意见及想法表达完全，因此对校长改进工作的价值有限。

校长评价问卷调查法的具体实施步骤如下：

（1）问卷的设计与编制

问卷的设计与编制是评价能否有效实施的关键，问卷题目的选择需根据评价目的制订，能够反映校长的各方面业绩，尽可能做到全面而具体。问卷形式可以是客观选择题，也可以是主观问答题。一般要求完成调查问卷的时间为 20 分到 25 分钟之间为宜。

（2）问卷的发放与回收

问卷的发放与回收是问卷调查的重要环节。问卷编制完毕后，组织者需将其分别发放给学校内部全体教师或者部分教师代表进行填写，并组织回收，清点发放及回收的问卷份数，除去其中无效的问卷。

（3）问卷结果的处理

根据有效的回收问卷，统计出问卷结果，得出评价结论，总结并反馈意见。

调查问卷没有固定的形式，只要能够收集到想要的评价内容和反馈意见即可。

表5-4是美国范德比尔特大学对校长领导力行为的调查问卷样表，分为学校管理质量说明、证据的来源和有效性等级三部分，学校管理质量说明的具体项目由调查组织者确定；证据的来源分为从校外得到的报告、个人观察和经历、学校

文件或材料、学校项目的活动、其他来源和没有证据六项，有效性等级分为没有实施或行动、无效、稍有效果、有一定效果、比较有效果和高效六个等级，分别由受调查者根据校长在相应的行为表现方面的符合等级进行选择填写。

表5-4 校长领导力行为调查问卷评价样例[1]

学校管理质量说明		证据的来源				有效性等级					
		从校外得到的报告	个人观察和经历	学校文件或材料	学校项目的活动	其他来源	没有证据	没有实施或行动	无效	稍有效果	有一定效果	比较有效果	高效
规划	1. 实施了学校发展规划		✓		✓			0	1✓	2	3	4	5
	2. 制订评估教师教学的计划			✓				0	1	2	3✓	4	5
	……												

表5-5是台湾某中学校长工作表现评估问卷，此问卷分为客观题和主观题两部分内容。客观题部分的评估项目分为领导能力、策划与行政、教职员管理、财务管理与资源调配、教学领导、人际关系、个人特点等七大指标，每一指标又分若干二级指标，对于这些指标，受调查者所持意见通过1至5五个等级来表达，分别表示从"极不同意"到"极同意"对校长工作表现的认同程度，如果受调查者认为此项指标对此次评估没有意义，可选择"不适用"一项。主观题部分主要给受调查者自由表达的空间，针对校长工作表现的优势和不足阐述自己的见解。

[1] 王胜. 如何评价校长的有效领导力？——美国范德比尔特大学教育领导力评价系统[J]. 中小学管理，2007（12）：9-11.

表5-5　台湾某中学校长工作表现评估问卷[1]

请表达你的意见，在适当的方格上加上√号。

极不同意　极同意

(a)	领导能力	1	2	3	4	5	不适用
	知人善用						
	正在努力实践学校办学宗旨、教育目标						
	积极培养良好校风						
	判断力强						
	保持教职员高昂士气						
	分析力强						
	建立国际精神						

极不同意　极同意

(b)	策划与行政	1	2	3	4	5	不适用
	能带领成员设计配合学校目标之工作及活动						
	全年工作有计划、有组织						
	工作有效率						

极不同意　极同意

(c)	教职员管理	1	2	3	4	5	不适用
	能公平分配工作						
	能清楚说明对下属的要求，并使下属清楚知道他们的职责						
	给予下属适当的鼓励及支援						
	适当处理投诉						
	以客观的态度评估教职员的工作表现						
	有效管理及监察各学科及工作组别的事务						

极不同意　极同意

(d)	财务管理及资源调配	1	2	3	4	5	不适用
	有效运用校内及校外资源						
	管理、控制及分配学校财政妥善						

---

[1] http://liping.edu.hk/~lp-staffd/news_file/6.Principal%20Appraisal%20Form_C.doc

极不同意　极同意

(e)	教学领导	1	2	3	4	5	不适用
	有效传达最新的教育信息及教学发展趋势						
	能拓展事业发展、重视教职员的培训						
	容许教师有高自由度以发挥工作						
	能表扬及欣赏教职员的工作						

极不同意　极同意

(f)	人际关系	1	2	3	4	5	不适用
	能与同事保持和谐关系						
	关心学生						
	与家长关系良好						

极不同意　极同意

(g)	个人特点	1	2	3	4	5	不适用
	工作热心						
	能以身作则						
	情绪稳定						
	具民主作风						
	勇于承担责任						
	有创新精神，愿意创新求变						
	能应付突如其来的困难（危机处理）						

1.在校长的各项工作中，我最欣赏的是：

_____

_____

_____

2.在校长的各项工作中，我认为还没有发挥效能的是：

_____

_____

_____

_____

　　教师对校长的满意度调查是最常见的校长评价调查问卷的形式，题目更贴近教师工作实际，能够反映教师的工作态度以及对校长工作的满意程度，具有很高的参考价值。

表5-6　教师对校长满意度问卷调查[1]

题　项	从不	有时	经常	总是
1.校长能够贯彻党的教育方针，执行教育法律法规。				
2.校长作风正派，谦虚谨慎，廉洁自律。				
3.校长能及时更新教育观念，指导校本教研和校本培训。				
4.校长具有解决突发事件的能力，重视并及时解决群众反映的各种问题，将问题解决在学校内部。				
5.亲身实践和积极推进现代教育技术与教育、教学、管理的整合及应用。				
6.责任感强，对业务肯学肯钻，精益求精。				
7.在管理体制、教育教学改革中，有创新、有实效。				
8.关心教师的工作和生活。				
9.校长的表达沟通都很清晰。				
10.校长在重大事件上能够听取教师的意见和建议。				
11.校长能够积极组织开展有利于学生健康的文体活动，加强学校文化建设，优化学校育人环境。				
12.校长能够理解和包容情绪激动的人。				
13.我可以很开心地和校长谈我的真实想法和情感。				
14.当与校长交流时，他很体恤我们的感受。				

---

[1] http://wenku.baidu.com/view/31627dbaf121dd36a32d8249.html.

题　项	从不	有时	经常	总是
15. 校长寻求支持，但不强人所难。				
16. 校长做决定和行动时，十分果断，不会紧张和犹豫不决。				
17. 校长在做出重要决定时，能够按程序办事。				
18. 面对重大抉择时，校长总能想到若干方案，做出最优决定。				
19. 校长的决定能被我们认同并欣然接受。				
20. 在需要当机立断刻不容缓的紧要关头，校长起到决定性的作用。				
21. 校长对教师意见达成一致具有影响力。				
22. 校长对我们有很大的、积极的影响。				
23. 校长具有很强的说服力，而且为人正直不阿。				
24. 校长评价学生和教师能够做到公正客观。				
25. 校长能在紧张局势中使他人倍感轻松。				
26. 校长在学校组织中设立具体的目标。				
27. 在执行一项任务的过程中，校长会积极参与并指导工作。				
28. 当执行艰巨的任务时，校长能够整合资源，完成任务。				
29. 在开展一项艰难的工作时，校长总能发现阻碍成功的弱点并加以改善。				
30. 校长能够洞察优先，有效地实现目标。				
31. 校长能把他的责任，有效地安排进个人的时间表中。				
32. 在特定的时限内，校长能够制定目标并成功地实现这些目标。				
33. 校长能制定规划并完成工作。				
34. 校长能同时进行数项工作并取得好成绩。				
35. 校长能够驾驭自己的职责，而不被职责所驾驭。				

题　项	从不	有时	经常	总是
36.校长能够在自己设定的期限内，竭尽全力完成每一项计划。				
37.校长有很强的是非感，他的行为也是如此。				
38.校长对自身的能力充满自信。				
39.校长言必信，行必果。				
40.当遭遇不幸和困难时，校长也能完成自己的工作，履行自己的义务。				

参考文献

1. 王景英. 教育评价理论与实践 [M]. 长春：东北师范大学出版社，2002 年.

2. 陶西平主编. 教育评价辞典 [M]. 北京：北京师范大学出版社，1998 年.

3. 谢新观主编. 远距离开放教育词典 [M]. 北京：中央广播电视大学出版社，1999 年.

4. 李忠尚主编. 软科学大辞典 [M]. 沈阳：辽宁人民出版社，1989 年.

5. 中国小学教学百科全书总编辑委员会教育卷编辑委员会编，李春生主编. 中国小学教学百科全书·教育卷 [M]. 沈阳：沈阳出版社，1993 年.

6. 林崇德主编. 中国中学教学百科全书·教育卷》[M]. 沈阳：沈阳出版社，1990 年.

7. 陈玉琨. 教育评价学 [M]. 北京：人民教育出版社，2008 年.

8. [美] 彼得·圣吉. 第五项修炼——学习型组织的艺术与实务 [M]. 郭靖隆译，上海：三联出版社，1993 年.

9. 王景英. 教育统计学（第二版）[M]. 北京：高等教育出版社，2006 年.

10. 柳海民. 教育原理 [M]. 长春：东北师范大学出版社，2006 年.

11. [美] 霍华德·德纳. 智能的结构 [M]. 沈致隆译，北京：光明日报出版社，2003 年.

12. RobertL.Linn&Norman E.Gronlund. 教学中的测验与评价 [M]. 国家基

础教育课程改革"促进教师发展与学生成长的评价研究"项目组译，北京：中国轻工业出版社，2003 年．

13. W. James Popham. 促进教学的课堂评价[M]. 国家基础教育课程改革"促进教师发展与学生成长的评价研究"项目组译，北京：中国轻工业出版社，2003 年．

14. 王道俊、王汉澜. 教育学 [M]. 北京：人民教育出版社，1999 年．

15. [美] 罗伯特·哈钦斯等. 西方名著入门（哲学）[M]. 北京：商务印书馆，1995 年．

16. 约翰·杜威. 经验与教育 [M]. 姜文闵译，北京：人民教育出版社，1991 年．